Núcleo de Catequese Paulinas (Nucap)

Metodologia da iniciação à vida cristã
Formação do catequista

Dados Internacionais de Catalogação na Publicação (CIP)
(Câmara Brasileira do Livro, SP, Brasil)

Metodologia da iniciação à vida cristã : formação do catequista / Núcleo de Catequese Paulinas - NUCAP. – São Paulo : Paulinas, 2016. – (Coleção pastoral litúrgica)

ISBN 978-85-356-4212-4

1. Catequese - Igreja Católica - Ensino bíblico 2. Catequistas - Educação 3. Fé 4. Vida cristã I. Núcleo de Catequese Paulinas - NUCAP. II. Série.

16-07164   CDD-268.3

Índice para catálogo sistemático:
1. Catequistas : Formação bíblica : Educação religiosa : Cristianismo   268.3

1ª edição – 2016
2ª reimpressão – 2022

Direção-geral: *Bernadete Boff*
Editores responsáveis: *Vera Ivanise Bombonatto e Antonio Francisco Lelo*
Copidesque: *Mônica Elaine G. S. da Costa*
Coordenação de revisão: *Marina Mendonça*
Revisão: *Ana Cecilia Mari*
Gerente de produção: *Felício Calegaro Neto*
Capa e diagramação: *Manuel Rebelato Miramontes*

Nenhuma parte desta obra poderá ser reproduzida ou transmitida por qualquer forma e/ou quaisquer meios (eletrônico ou mecânico, incluindo fotocópia e gravação) ou arquivada em qualquer sistema ou banco de dados sem permissão escrita da Editora. Direitos reservados.

Paulinas
Rua Dona Inácia Uchoa, 62
04110-020 – São Paulo – SP (Brasil)
Tel.: (11) 2125-3500
http://www.paulinas.com.br – editora@paulinas.com.br
Telemarketing e SAC: 0800-7010081
© Pia Sociedade Filhas de São Paulo – São Paulo, 2016

Sumário

Introdução 7
A pessoa do catequista 9
Vocação e missão do catequista 18
Nosso jeito de fazer catequese 24
Ritual de Iniciação Cristã de Adultos 34
Seguir o caminho: tempos e celebrações 44
Método querigmático 53
Método discipular I 63
Método discipular II 71
Método mistagógico I 81
Método mistagógico II 90
Unidade sacramental e centralidade pascal 99
Ministérios da iniciação cristã 109
Mapear a realidade 121
Planejamento geral da catequese 128
Planejamento do itinerário 136
Pedagogia do encontro 143
Conclusão 156
Bibliografia 158

"Entende-se como iniciação à vida cristã o processo pelo qual uma pessoa é introduzida no mistério de Jesus Cristo e na vida da Igreja, através da Palavra de Deus e da mediação sacramental e litúrgica, que vai acompanhando a mudança de atitudes fundamentais de ser e existir com os outros e com o mundo, em uma nova identidade como pessoa cristã que testemunha o Evangelho inserida em uma comunidade eclesial viva e testemunhal" (CELAM. *A alegria de iniciar discípulos missionários em mudança de época*, n. 43).

Pai de infinita bondade,
grande é a minha alegria por realizar,
acima de tudo, a tua vontade.
Sei que desde o ventre de minha mãe
o Senhor me consagrou para ser enviado(a)
e fazer discípulos onde quer que eu vá.

Creio na tua imensa glória e agradeço
por tudo que realizaste em minha vida.
Sei que sou pequeno(a) diante de tudo o que fazes,
mas sei também quão grande é a tua força
para me fazer cumprir o que me pedes.

Introdução

Quando um catequista diz "sim" à missão que Deus lhe confiou, busca realizá-la da melhor forma possível. Toda semana se prepara para encontrar seus catequizandos e com eles vivencia bonitas experiências, em vista de marcar profundamente suas vidas. Com o tempo *seu jeito de ser*, seus *saberes* e *seu jeito de fazer* a catequese tomam forma, e com sabedoria e graça busca superar os desafios.

Convidamos os catequistas a fazerem destas páginas instrumentos de reflexão sobre o que a metodologia da iniciação cristã significa e a reconhecerem a beleza do modo como ela necessita ser planejada e posta em prática nos dias de hoje.

A Igreja preocupa-se em desenvolver o potencial da iniciação cristã para formar identidade de fé. O *Diretório Nacional de Catequese*, publicado em 2006, reconhece a exemplaridade do Batismo de adultos para toda forma de catequese e, desde então, as Dioceses e comunidades vêm conhecendo mais amplamente sua metodologia. Partindo dos elementos da renovação litúrgica conciliar, somados com o movimento gerado por catequese renovada nestes últimos 25 anos, vamos refletir sobre a metodologia do *Ritual de Iniciação Cristã de Adultos* (RICA) e estendê-la a todas as idades.

A pedagogia catecumenal tem capacidade de superar a fragmentação da iniciação cristã nos moldes atuais. No quadro de renovação paroquial, tal concepção agrega uma série de elementos que alteram o modelo de ação pastoral. "Nesse sentido, padres, catequistas e a própria comunidade precisam de uma conversão pastoral para rever a catequese de adultos, jovens, adolescentes e crianças. É indispensável seguir os tempos e as etapas do catecumenato e propor, mesmo para os membros da comunidade, uma formação catecumenal que percorra os processos da iniciação, desde o querigma e a conversão, até o discipulado, a comunhão e a missão."[1]

---

[1] CNBB. *Comunidade de comunidades*: uma nova paróquia. São Paulo, Paulinas, 2014, n. 269 (Documentos da CNBB, n. 100). Ressalvamos que "os tempos e etapas" não são do catecumenato, mas sim da iniciação cristã.

O catequista, além de assimilar o consagrado método ver, julgar e agir, incorporará em sua prática outros três métodos que sintetizam a dinâmica dos tempos da iniciação de adultos: *o método querigmático* que lê a Bíblia como acontecimento salvífico atual; *o método discipular* que oferece a pedagogia de Jesus; *o método mistagógico* que estreita a relação entre catequese e liturgia para a vivência do mistério. Mesmo que cada método constitua o traço característico de determinado tempo, entendemos que eles se articulam e se cruzam no transcorrer de todo o itinerário catequético. Também a pedagogia catecumenal propõe os elementos característicos do caminho da iniciação: *a progressividade de tempos e etapas*, *a unidade dos três sacramentos*, a *centralidade pascal* e o *protagonismo da comunidade eclesial*.

A proposta deste livro é responder à necessidade dos catequistas de fazerem a experiência desta metodologia, que, no seu conjunto, traz uma forma nova de ser iniciado na fé. As atuais gerações não passaram, com tanta clareza, pela experiência do mistério, já que ainda somos herdeiros de uma catequese orientada fortemente pela recepção sacramental e desprovida do caráter iniciatório.

Por isso, é fundamental o catequista tomar consciência de sua identidade calcada na fé convicta no Senhor, que o anima com seu Espírito a cumprir a vontade do Pai. Trata-se de construir sua adesão incondicional, alicerçada na experiência de quem encontrou o Senhor, atravessou com ele situações-limite e, agora, testemunha o amor e a misericórdia que nunca lhe faltaram. É hora de afirmar convictamente nossa postura nos valores que cremos e direcionamos nossas vidas.

Os momentos de espiritualidade que abrem e encerram os encontros devem ser calmamente celebrados como parte integrante do aprendizado. Eles envolvem a escuta e a celebração da Palavra para o catequista interiorizar os próprios passos na iniciação. Assim, além da importância da reflexão, há que se preparar bem o ambiente e vivenciar o que foi pensado.

Os dois primeiros encontros, escritos pela experiente coordenadora diocesana de catequese, Abadias Aparecida Pereira, seguem a linha de como ser catequista, refletindo sobre sua vocação, sentimentos e socialização no grupo de catequistas. Os demais, a cargo do Pe. Antonio Francisco Lelo, enfocam o método e os elementos próprios da iniciação cristã que compõem o saber e o saber fazer do catequista. Agradecemos a Erenice Jesus de Souza por suas observações atentas, particularmente na metodologia dos encontros.

1 A pessoa do catequista

"O catequista faz parte do método catequético com seu jeito de ser, olhar, escutar, falar, sorrir, questionar, trabalhar, agir, perdoar, amar, fazer caridade" (Thaís Rufatto).

Preparando o ambiente

Que o espaço da formação seja bem acolhedor. Dispor as cadeiras, se possível, em círculo. Que o livro da Bíblia, um vaso com flores naturais e uma vela ocupem lugar de destaque. Colocar aos pés da Bíblia fotos de todos os participantes em diferentes momentos. Caso não seja possível contar com as fotos, dispor palavras como as sugeridas: extrovertido(a), dinâmico(a), honesto(a), compreensivo(a), participativo(a), amigo(a), caridoso(a), solidário(a), tímido(a), corajoso(a) etc.

Espiritualidade

[O dirigente recebe os participantes ao som da música "Se tu nos amas".[1] Quando todos estiverem acomodados, ele explica brevemente o tema do encontro. Depois, escolhe participantes aleatoriamente para responder as questões abaixo, pedindo que as acolham no coração.]

Dirigente: Quem é você?

Qual a realidade em que você está inserido?

Tem consciência de quem é enquanto pessoa?

Quais suas qualidades e seus defeitos?

---

[1] Padre Zezinho, scj. CD: 12016-2 – *Missa Fazedores da Paz*. Paulinas, COMEP, 1996.

Conhece bem suas emoções?

Tem conhecimento de suas limitações e capacidades?

[Em seguida, o dirigente faz a pergunta abaixo a um participante, que deve respondê-la sem pensar muito, bem rápido e com apenas uma palavra. Caso ele titubeie ou gagueje, imediatamente o dirigente faz a pergunta a outro. A dinâmica atingirá seu objetivo se o dirigente for bem rápido.]

Dirigente: Fale, sem pensar, uma qualidade sua.

[Depois que todos tiverem respondido, o dirigente pede que falem sobre um defeito que tenham. Geralmente os participantes têm mais facilidade de falar de seus defeitos do que de suas qualidades.

É importante ajudá-los entender o quanto são amados por Deus e que todos temos, sim, qualidades, somos importantes para quem convive conosco, mas que principalmente Deus nos amou primeiro e nos escolheu para fazer parte de uma família, de um grupo de amigos, da comunidade de filhos e filhas de Deus, inseridos no mundo e capazes de transformá-lo. Mas é importante que tenhamos consciência desse amor de Deus por nós, pois somente assim vamos nos amar também. Quem não se ama verdadeiramente, como poderá amar o outro?

Dirigente: Como você poderá ir ao encontro do outro, com qualidades e defeitos?

[Deixar que falem uns minutos. Depois, o Leitor 1 proclama pausadamente o Evangelho segundo Marcos (Mc 4,18-22). Após a leitura do texto, fazer uma breve partilha.]

Dirigente: O importante é reconhecer que Deus nos quer exatamente como somos. Ele nos conhece. Ao chamar seus discípulos, Jesus não vê o que são, mas quem são.

[Finalizar o momento pedindo aos participantes que olhem para o colega ao lado e, mesmo que já o conheça, se apresente, fitando-o bem nos olhos, e espere que ele se apresente também. Então, devem se abraçar de modo afetuoso.]

Para refletir

[Pessoas diferentes devem realizar a leitura dos parágrafos.]

É reconhecido pela Igreja o "serviço" exercido por milhares de leigos e leigas, adultos, jovens, adolescentes, anciãos, que se dedicam à transmissão da fé (catequese) em nossas comunidades cristãs, muitos deles enfrentando todo tipo de adversidades.

O contexto histórico em que vivemos, com seus valores e contravalores, desafios e mudanças, exige dos evangelizadores preparo, qualificação e atualização constantes. Não estamos mais recém-saídos da companhia do "Mestre". Permanecemos com ele, mas com uma distância de mais de dois mil anos. É preciso que nossos catequistas sejam também evangelizados, porque muitos o foram superficialmente. Eles exercem seu "ministério" com boa vontade, dispõem de uma religiosidade herdada da família, mas "guardar o depósito da Fé" e transmiti-lo requer experiência pautada na Pedagogia de Jesus, testemunho de vida, conhecimento da realidade própria e da realidade onde os catequizandos estão inseridos e, sobretudo, *conhecimento de si mesmo*.

Você concorda com isso?

> Ninguém pode oferecer aquilo que não tem. O catequista necessita percorrer o caminho com o Mestre, alimentar-se de sua Palavra, ter sensibilidade e maturidade de fé, estar inserido na comunidade cristã, pois é em nome de Jesus que fala.

A Igreja espera contar, hoje, com catequistas que, além de estarem capacitados para o serviço da catequese, sejam capazes de, principalmente pelo testemunho de vida, conduzirem, de fato, seu catequizando ao encontro com Jesus, vivo e ressuscitado. Este é o catequista mistagogo, que, ao anunciar Jesus Cristo, vive com fé este mistério em sua conduta pessoal e na comunidade, como também é capaz de conduzir as pessoas ao mistério.

O *Diretório Geral para a Catequese*, n. 237, e o *Diretório Nacional de catequese* afirmam que neste momento histórico são necessários catequistas dotados de fé profunda, de identidade cristã e eclesial clara, de preocupação missionária e sensibilidade social.

O ser humano, não importa em que situação se encontre, carrega em sua essência a imagem e semelhança de Deus. É Deus quem olha para a pequenez de seu servo e, diante de sua fragilidade, chama-o pelo nome, escolhe-o e envia-o. Amparado por seu amor, deixa-se formar por Deus para ir ao encontro do outro. O Papa Francisco, em sua homilia na Celebração Eucarística na Praça de São Pedro, no encerramento do

Ano da Fé, se dirige aos catequistas dizendo: "O catequista é aquele que guarda a memória de Deus". Que maravilha ser essa memória de Deus na vida da comunidade! Ser presença, ser o rosto misericordioso de Deus no seio da comunidade.

Espera-se que aqueles que foram iniciados na fé e se sentem chamados para o serviço da catequese tenham consciência de sua vocação, pois comprometerão sua vida em benefício de gerar mais vida para o seu próximo.

Quem é esse catequista?

Muitas são as características que podem ser atribuídas ao catequista, dentre as quais se destacam:

- Trata-se de uma *pessoa que ama viver* e se sente realizada, tem consciência de si mesma, do seu ser e estar no mundo.
- *De maturidade humana e de equilíbrio psicológico*, possui conhecimento da realidade, tem senso crítico, é capaz de criar relações, de dialogar com a diferença; diálogo maduro, pautado nos valores evangélicos, sem jamais criar conflitos que não possa resolver.
- *De profunda espiritualidade*, busca crescer em santidade, pois se coloca na escola do Mestre e faz com ele uma experiência de vida e de fé; nutre-se da Palavra, da vida de oração, da Eucaristia e da devoção mariana.
- *Pessoa de sensibilidade*, vê o rosto de Deus nas pessoas, nos pobres, na comunidade; identifica-se com o povo, conhece os problemas reais e procura compreendê-los à luz da Palavra de Deus. É, sobretudo, uma pessoa de fé e de vida em comunidade. Vive no mundo e dá testemunho do seu "ser" cristão no mundo. É pessoa que cria laços de amizade, de partilha, gestos profundos de relação com o outro e que gera comunhão.

Discípulo missionário

Ao chamar os seus para que o sigam, Jesus lhes dá uma missão muito precisa: anunciar o Evangelho do Reino a todas as nações (cf. Mt

28,19; Lc 24,46-48). Por isso, todo discípulo é missionário, pois Jesus o faz partícipe de sua missão, ao mesmo tempo que o vincula a ele como amigo e irmão. Dessa maneira, como ele é testemunha do mistério do Pai, os discípulos são testemunhas da morte e ressurreição do Senhor, até que ele retorne. Cumprir essa missão não é tarefa opcional, mas parte integrante da identidade cristã, porque é a extensão testemunhal da mesma vocação.[2]

Quando cresce no catequista a consciência de saber quem ele é, qual o seu lugar no mundo e na vida do outro; quando ele compreende que pertence a Cristo e tem ciência de sua missão, sabe que esta não se limita a um programa de estudos. Ser catequista é compartilhar a experiência do encontro com Cristo em sua vida, testemunhá-lo e anunciá-lo a todos, até os confins da terra. "Recebereis o poder do Espírito Santo que virá sobre vós, para serdes minhas testemunhas em Jerusalém, por toda a Judeia e Samaria, e até os confins da terra" (At 1,8).

Vivência

[Refletir em pequenos grupos.]

Espera-se do catequista hoje, neste contexto marcado por profundas desigualdades e gritantes injustiças, que ele dê respostas às inquietações de seus catequizandos à luz da Palavra de Deus e os conduza ao encontro com o Mestre, aquele que é Caminho, Verdade e Vida.

Quais outras características poderiam ser atribuídas ao catequista?

Como correspondemos a cada uma das características indicadas no texto?

Qual delas se destaca no meu "jeito" de ser catequista?

Qual delas preciso desenvolver com maior atenção?

Você, catequista, tem consciência da missão que abraçou?

Está disposto(a) a ser testemunha de Jesus Cristo no mundo?

---

[2] Cf. *Documento de Aparecida*. Texto conclusivo da V Conferência Geral do Episcopado Latino-Americano e do Caribe, Coedição 2007, n. 144.

Celebração

[Em forma de ofício divino.]

Dirigente: Pelo sinal da santa cruz, livrai-nos Deus, nosso Senhor, dos nossos inimigos. Em nome do Pai, do Filho e do Espírito Santo. Amém.

Abertura

Dirigente: Vem, ó Deus da vida, vem nos ajudar! Vem, não demores mais, vem nos libertar! Glória ao Pai e ao Filho e ao Santo Espírito. Glória à Trindade santa, glória ao Deus bendito! Aleluia, irmãs, aleluia, irmãos! Do povo que trabalha a Deus louvação! Toda humanidade o Senhor chamou, à festa do seu Reino ele convocou! Glória ao Pai e ao Filho e ao Santo Espírito. Glória à Trindade Santa, glória ao Deus bendito!

Recordação da vida

Dirigente: Recordar a vida é trazê-la de volta ao coração para agradecer a Deus ou pedir-lhe perdão. Partilhar experiências e preocupações é tornar a oração mais verdadeira.

Hino

1. Cai a tarde, o sol se esconde
Suba, ó Deus, nosso louvor,
Pelo dia que termina,
Dom do teu imenso amor.

2. Bendizemos o teu nome
Pelos bens da criação,
Pelo Espírito que habita
Dentro de nosso coração.

3. Toda a luta deste dia
Te entregamos, ó Senhor
Tudo seja em tuas mãos
Oferenda de louvor.

4. Como incenso perfumado
Suba a ti nossa oração.
Ó Deus trino, hoje e sempre,
Seja a nossa louvação!

Salmo 121

Dirigente: Salmo 121(120) – *O Senhor te proteja.*

Todos: O Senhor te preservará de todo mal.

[Em dois coros, e todos repetem o refrão.]

1. Levanto os olhos para os montes: de onde me virá auxílio?

2. Meu auxílio vem do Senhor, que fez o céu e a terra.

1. Não deixará teu pé vacilar, aquele que te guarda não dorme.

2. Não dorme, nem cochila o vigia de Israel.

1. O Senhor é o teu guarda, o Senhor é como sombra que te cobre, e está à tua direita.

2. De dia o sol não te fará mal, nem a lua de noite. O Senhor te preservará de todo mal, preservará a tua vida.

1. O Senhor vai te proteger quando sais e quando entras, desde agora e para sempre.

2. Glória ao Pai e ao Filho e ao Espírito Santo.

1. Como era no princípio, agora e sempre. Amém.

Leitura bíblica

Leitor: "Completai a minha alegria, deixando-vos guiar pelos mesmos propósitos e pelo mesmo amor, em harmonia buscando a unidade.

Nada façais por ambição ou vanglória, mas, com humildade, cada um considere os outros superiores a si e não cuide somente do que é seu, mas também do que é dos outros. Haja entre vós o mesmo sentir e pensar que no Cristo Jesus" (Fl 2,2-5).

Cântico evangélico (Lc 1,47-55)

Todos: A alegria da alma no Senhor.

[Em dois coros, e todos repetem o refrão.]

1. A minha alma engrandece o Senhor e exulta meu espírito em Deus, meu Salvador; porque olhou para a humildade de sua serva, doravante as gerações hão de chamar-me de bendita.

2. O Poderoso fez em mim maravilhas e santo é o seu nome! Seu amor para sempre se estende sobre aqueles que o temem.

1. Manifesta o poder de seu braço, dispersa os soberbos; derruba os poderosos de seus tronos e eleva os humildes.

2. Sacia de bens os famintos, despede os ricos sem nada. Acolhe Israel, seu servidor, fiel ao seu amor.

1. Como havia prometido a nossos pais, em favor de Abraão e de seus filhos para sempre.

2. Glória ao Pai e ao Filho e ao Espírito Santo,

1. como era no princípio, agora e sempre. Amém.

Preces

Dirigente: Apresentemos nosso louvor e as necessidades de todo o povo ao Senhor, Deus da aliança, dizendo:

Todos: Escuta-nos, Senhor!

[Em três coros, e todos repetem o refrão.]

1. Firma, ó Deus, os passos dos que trabalham pela paz, para que alcancem frutos de justiça. Rezemos:

2. Renova as maravilhas da tua ação libertadora, para todos os que estão cativos e esmagados pela opressão de toda espécie. Rezemos:

3. Aumenta a comunhão e o diálogo nas famílias e nas comunidades do mundo inteiro. Rezemos.

[Outras preces pessoais.]

Todos: Pai nosso...

Dirigente: Oremos.

Ó Deus de bondade, Jesus deu a maior prova de amor, doando a sua vida por toda a humanidade. Concede-nos que, animados pelo mesmo Espírito de amor, continuemos na terra a sua missão. Por Cristo Jesus, nosso Senhor. Amém.

Bênção

Dirigente: A paz de Deus, que supera toda divisão e discórdia, nos abençoe e guarde nossos corações e nossos pensamentos no Cristo Jesus.

Todos: Amém!

Dirigente: Bendigamos ao Senhor!

Todos: Graças a Deus!

Dirigente: Cantemos com alegria, enquanto abraçamos nosso irmão(ã).

[Canto: "Quero ouvir teu apelo, Senhor".][3]

---

[3] Ir. Miria T. Kolling.

2 Vocação e missão do catequista

A formação daqueles que se sentem chamados ao ministério da catequese articula fé e vida e integra cinco aspectos fundamentais: *o encontro com Jesus Cristo, a conversão, o discipulado, a comunhão e a missão* (DAp 278).

Preparando o ambiente

Favorecer um ambiente acolhedor, aconchegante. Se possível, dispor as cadeiras em círculo. No centro da sala, forrar o chão com tecido colorido, de preferência da cor do tempo litúrgico vigente, e sobre ele colocar a Bíblia em destaque, uma vela acesa e vaso com flores ou uma planta. Também espalhar documentos do magistério da Igreja, subsídios catequéticos, diretrizes da diocese ou da paróquia, notícias de jornais e revistas atuais do estado, do país e do mundo, e, se possível, fotos dos catequistas (que deverão ser solicitadas com antecedência pelo formador).

Espiritualidade

Dirigente: Jesus conhecia a realidade do seu povo e, ao se dirigir a ele, sempre utilizava exemplos do cotidiano. Vivemos em um tempo de grandes transformações sociais, econômicas, políticas e técnicas que afetam nossa vida diariamente; uma "mudança de época".

Trata-se de um tempo carregado de potencialidades positivas do ser humano, mas, ao mesmo tempo, caracterizado por tensões, especialmente as que atingem povos inteiros e os tornam reféns de conflitos intermináveis. Tempo de rupturas e desmoronamentos de valores fundamentais, como os do respeito à vida do ser humano em todas as suas dimensões, do respeito mútuo, da hospitalidade e da religiosidade, trazendo consequências que se fazem sentir, principalmente, na família e na educação.

[Estipular um tempo para que os participantes percorram o espaço onde está o material exposto, a fim de que olhem e leiam as manchetes dos jornais e revistas, e escolham uma notícia para comentar.

De volta a seus lugares, pedir que falem sobre a notícia escolhida. Após essa partilha, comentar as notícias que não foram escolhidas. Caso não saibam do que se trata, contextualize-os a respeito dos fatos, procurando julgá-los à luz da fé. O importante é observar se todos os participantes conhecem a realidade na qual estão inseridos e se o juízo que fazem dos fatos está em conformidade com o pensamento da Igreja.

Em seguida, propor a leitura refletida da Palavra.]

Dirigente: As palavras de São Paulo dirigidas à comunidade de Corinto nos ajudarão, hoje, a repensar o nosso chamado, a nossa vocação, e continuarão motivando-nos para a missão.

Leitor 1: Leitura da Primeira Carta aos Coríntios 9,16-23 – *Ai de mim, se eu não anunciar o Evangelho!*

[Fazer um momento de silêncio e depois refletir com o grupo a partir das perguntas abaixo.]

Dirigente: O que esta Palavra me diz?

O que a Palavra me leva a dizer a Deus?

A catequese em minha comunidade faz ressoar a Palavra de Deus no coração dos catequizandos?

Para refletir

[Dividir os participantes em pequenos grupos para que façam a leitura do texto e respondam por escrito: o que é o catequista mistagogo?]

Ninguém pode oferecer aquilo que não tem. O catequista necessita percorrer o caminho com o Mestre, alimentar-se de sua Palavra, ter sensibilidade e maturidade de fé, estar inserido na comunidade cristã, pois é em seu nome que fala.

Jesus, o Mestre que formou pessoalmente seus discípulos, oferece o método: "Venham e vejam" (Jo 1,39); "Eu sou o Caminho, a Verdade e a Vida" (Jo 14,6).[1] A formação dos discípulos missionários, isto é, daqueles que se sentem chamados ao ministério da catequese, articula fé e vida e integra cinco aspectos fundamentais: *o encontro com Jesus Cristo, a conversão, o discipulado, a comunhão e a missão.*

O catequista realiza sua experiência de fé, reconhece a passagem de Deus em sua vida como algo que o transformou interiormente e permanece vivo em seu coração. Define-se como uma pessoa que crê no mistério de Deus e, por isso, seu cotidiano está marcado pela oração e pela contínua descoberta da manifestação de Deus em sua vida.

A formação iniciática do catequista é, sem dúvida, uma necessidade carregada de esperança, pois seu objetivo é ajudar a fazer acontecer um processo de *conversão* de quem é chamado pelo Senhor para essa vocação e *missão*. No entanto, é urgente tomarmos consciência de que os cursos para a formação de catequistas devem levar à adesão a Jesus Cristo e ao amadurecimento pessoal da fé, para que eles perseverem no caminho escolhido. A conversão pessoal que determina nossa adesão ao projeto de Jesus Cristo e nossa intensa vida de fé vêm em primeiro lugar. Depois dela, é possível ajudar os catequizandos a percorrerem um caminho de conversão e de encontro com o Senhor.

O catequista busca seguir Jesus Cristo, conhecendo-o cada vez mais em sua Palavra refletida pessoalmente e proclamada na celebração da comunidade. Da experiência de convivência com o Mestre no cotidiano brota o testemunho do seu "ser" cristão no mundo, que procura se ajustar à vontade de Deus. É, sobretudo, uma pessoa de fé e de vida em comunidade. O catequista, percorrendo o caminho com o Mestre, se torna testemunha dessa *comunhão* que perpassa toda a sua vida e não fica indiferente diante da realidade de seus catequizandos.

A Igreja espera contar, hoje, com catequistas que, além de estar capacitados para o serviço da catequese, sejam capazes de evangelizar de tal forma que conduzam de fato o seu catequizando ao encontro com Jesus, vivo e ressuscitado: é esta a tarefa do *catequista mistagogo*. O catequista é capaz de celebrar e viver a riqueza dos sacramentos na vida

---

[1] Cf. *Documento de Aparecida*, n. 276.

e entender os seus sinais na celebração. Assim, ele vive do mistério e é capaz de conduzir outros ao mistério.

O catequista mistagogo é aquele que faz a experiência de Deus, professa a fé no cotidiano e discerne a experiência de fé de seus catequizandos nos sinais que revelam a presença de Deus nos acontecimentos da vida, na história da salvação e, maximamente, nos ritos celebrados na liturgia.

Diz o Papa Bento XVI:

[...] na tradição mais antiga da Igreja, o caminho formativo do cristão – embora sem descurar a inteligência sistemática dos conteúdos da fé – assumia sempre um caráter de experiência, em que era determinante o encontro vivo e persuasivo com Cristo anunciado por autênticas testemunhas. Nesse sentido, quem introduz nos mistérios é primariamente a testemunha; depois, esse encontro aprofunda-se, sem dúvida, na catequese e encontra sua fonte e ápice na celebração da Eucaristia.[2]

O Papa Francisco, em sua homilia por ocasião do encerramento do Ano da Fé com os catequistas, inspirado pelo profeta Amós (6,1), disse: "Ai dos que vivem comodamente (...) e não se preocupam com os outros". O catequista consciente de sua *missão* será capaz de anunciar o Deus de Jesus Cristo aos irmãos e testemunhá-lo com a vida, se necessário.

A pessoa do catequista

Espera-se que aqueles que foram iniciados na fé e sintam-se chamados ao serviço da catequese tenham plena consciência de sua vocação, pois comprometerá sua vida em benefício de gerar mais vida para o seu próximo.

Jesus formou um grupo de apóstolos e discípulos e se fez contemporâneo e companheiro de todas as pessoas que o seguiam; por isso, é

---

[2] BENTO XVI. Exortação Apostólica Pós-Sinodal *Sacramentum Caritatis*. São Paulo, Paulinas, 2007, n. 64.

luz e modelo de toda ação catequética. O catequista caminha nos passos de Jesus e é no grupo de catequistas que ele cresce, amadurece, partilha, alimenta a espiritualidade e a *convivência fraterna*. O exemplo vivo, atraente e sempre recomendado de convivência e experiência eclesial é Maria, a mãe dos pequeninos, a catequista por excelência.

> A alegria do discípulo é antídoto frente a um mundo atemorizado pelo futuro e oprimido pela violência e pelo ódio. A alegria do discípulo não é um sentimento de bem-estar egoísta, mas uma certeza que brota da fé, que serena o coração e capacita para anunciar a Boa-Nova do amor de Deus. Conhecer a Jesus é o melhor presente que qualquer pessoa pode receber; tê-lo encontrado foi o melhor que ocorreu em nossas vidas, e fazê-lo conhecido com nossa palavra e obras é nossa alegria.[3]

Vivência

[Reunir os participantes em plenário.]

Comparar as várias respostas da pergunta proposta no item "Para refletir": o que é o catequista mistagogo?

Aprofundar com o grupo as seguintes perguntas:

- em sua comunidade/paróquia/diocese, a formação dos catequistas ocupa o lugar pastoral que lhe corresponde?
- O grupo de catequistas é espaço privilegiado de formação?

Celebração

Comentarista: Vamos agradecer a Deus por ter olhado nossa pequenez e, mesmo assim, nos ter confiado a educação da fé daqueles que querem encontrar-se com o Senhor da vida.

De joelhos, fechemos os olhos e vamos nos colocar diante do Senhor. Reconheçamos toda nossa fragilidade, nosso jeito de ser, e, pessoalmente, digamos-lhe: "Eu abraço a missão a que me chamou com a consciência de que preciso fazer o melhor possível.

---

[3] *Documento de Aparecida*, n. 29.

Peço-lhe que me fortaleça para que eu possa romper com todas as formas de desânimo e comodismo, a fim de me colocar na escola do Mestre e, aprendendo, possa ensinar e, amando, saiba amar".

A seguir rezemos juntos a oração (cf. Jo 1,35-49):

Todos: Nós te agradecemos, ó Pai,/ Senhor do céu e da terra,/ porque em teu Filho Jesus nos revelaste o mistério do teu amor./ João Batista o chamou de Cordeiro de Deus./ Quando ouviram isso,/ os discípulos de João seguiram Jesus,/ conheceram sua morada e ficaram com ele./ Teu Filho os transformou, então, em seus discípulos,/ discípulos-missionários, que passaram a testemunhar:/ "Encontramos o Cristo!"/ Hoje, Pai, somos nós, catequistas,/ que ouvimos o apelo de teu Filho: "Segue-me!"/ Nós desejamos segui--lo/ para entrar na intimidade de seu Coração/ e poder também proclamar a todos:/ "Encontramos Jesus de Nazaré!"/ Pai santo, faz de nós fiéis discípulos missionários de teu Filho;/ transforma-nos, com a força do Espírito Santo,/ para que, como Jesus,/ anunciemos tua misericórdia/ e trabalhemos para a vinda de teu Reino,/ pela intercessão de Maria, a virgem do silêncio e do serviço./ Amém.

3 Nosso jeito de fazer catequese

As conquistas da reforma litúrgica e de catequese renovada são decisivas para incorporarmos o estilo catecumenal.

Preparando o ambiente

Fazer memória dos últimos trinta anos de vida de nossa Igreja: a presença das comunidades de base, a opção pelos pobres, a luta contra a ditadura, os bispos mais próximos do povo, a realização do Concílio Vaticano II, a leitura da Bíblia ligada à realidade do povo... Procurar na internet imagens relacionadas a estes temas e fazer a projeção delas aos participantes, para iniciar uma conversa. Dispor à vista de todos os lecionários dominical e semanal, o documento *Catequese Renovada*, o *Ritual de Iniciação Cristã de Adultos*, os documentos do Concílio Vaticano II.

Espiritualidade

Dirigente: O tempo corre ligeiro. A hora é de mudar! A tecnologia avança e muitos se esquecem de Deus. A catequese é o lugar do anúncio vivo da manifestação do Senhor em nosso meio! Em nosso tempo, somos as testemunhas do amor do Senhor conduzindo nossos passos e queremos que nossos catequizandos caminhem conosco nesta direção.

Leitor 1: Logo depois que Jesus foi para o Pai, ainda amedrontados pelos acontecimentos, os apóstolos foram ungidos pelo Espírito Santo. Com esta força, Pedro anuncia vigorosamente o Senhor diante da multidão estupefata.

Leitor 2: Leitura do livro dos Atos dos Apóstolos 2,14.22-33 – *O anúncio de Pedro*.

[Seria interessante proclamar o texto diretamente do lecionário dominical: 3º Domingo da Páscoa – Ano A, ou do lecionário semanal: segunda-feira da oitava da Páscoa, com a finalidade de marcar a integração da catequese com a liturgia.

Depois, faz-se um momento de silêncio e, calmamente, o leitor 2 e aqueles que tiverem o texto bíblico repetem os versículos que mais gostaram.]

Dirigente: Hoje em dia, em quais situações se torna necessário o anúncio destemido de Jesus, assim como o fez Pedro?

[Dedicar um tempo para as intervenções.]

Dirigente: Rezemos ao Pai e Senhor nosso para que nos fortaleça e nos torne sábios, a fim de acolhermos o Reino de seu Filho na força do seu Espírito.

Leitor 1: Pai de misericórdia, amparai-nos em nossa fraqueza para percebermos a revelação de Jesus nos acontecimentos de nossa vida. Pedimos-vos, Pai.

Todos: Vós sois a fonte de graça e de misericórdia.

Leitor 2: Pai de bondade, concedei-nos correr decididamente ao encontro de vosso Filho e, ao sermos iluminados por sua luz, saibamos acolher o seu Reino de solidariedade e de paz. Pedimos-vos, Pai.

Todos: Vós sois a fonte de graça e de bondade.

Dirigente: Rezemos juntos! Pai nosso...

O Senhor esteja convosco!

Todos: Ele está no meio de nós.

Dirigente: Abençoe-nos o Deus todo-poderoso, Pai...

Todos: Amém.

Para refletir

[Ler esta parte com todo o grupo.]

Após o Concílio Vaticano II, a catequese abandonou uma postura estritamente doutrinária e chegou à *Catequese renovada*, que produziu um imenso trabalho evangelizador e formou nosso jeito próprio de fazer catequese, unindo fé e vida. Tenhamos clareza de que:

> Na catequese realiza-se uma *inter-ação* (= um relacionamento mútuo e eficaz) entre a experiência de vida e a formulação da fé; entre a vivência atual e o dado da Tradição. De um lado, a experiência da vida levanta perguntas; de outro, a formulação da fé é busca e explicitação das respostas a essas perguntas. De um lado, a fé propõe a mensagem de Deus e convida a uma comunhão com ele, que ultrapassa a busca e as expectativas humanas; de outro, a experiência humana é questionada e estimulada a abrir-se para esse horizonte mais amplo.[1]

A reforma litúrgica proveniente deste mesmo Concílio nos brindou com uma forma celebrativa mais simples, sem repetições e bastante compreensível. Também restaurou os tempos e as etapas da iniciação cristã dos adultos em um *Ritual* próprio que resgata uma pedagogia de formação da fé que se tornou exemplar na tradição da Igreja.

Dessa forma, para irmos em direção da iniciação à vida cristã nossos conhecimentos sobre a reforma litúrgica deverão unir-se com os ganhos que obtivemos nestes anos com a *Catequese renovada*.

O Concílio Vaticano II inaugurou uma nova fase de diálogo da Igreja com a cultura do mundo moderno, bem como restaurou a liturgia e a apresentou na Constituição *Sacrosanctum Concilium*.

Nesta Constituição, aprovada em 1963, a liturgia foi considerada mais do que apenas ritos externos e se concentrou no conteúdo da fé

---

[1] CNBB. *Catequese renovada*: orientações e conteúdo. São Paulo, Paulinas, 1983, n. 113. (Documentos da CNBB 26); id., *Diretório Nacional de Catequese*. São Paulo, Paulinas, 2006, n. 152. (Documentos da CNBB, n. 84).

que eles devem exprimir, para que o Mistério Pascal de Cristo pudesse reaparecer em sua integridade.

Por isso, nossa forma atual de celebrar é tão concisa, está próxima das primeiras gerações cristãs e quer nos conduzir novamente para a finalidade primeira do culto litúrgico: fazer-nos beber na Páscoa de Cristo, de tal modo que entendamos que toda a nossa vida consiste em sermos transformados por seu amor redentor.[2]

A reforma litúrgica recolocou a Páscoa vivida por Jesus, isto é, sua paixão, morte e ressurreição, como o memorial de toda ação litúrgica. Este é o fato determinante da fé cristã! Toda celebração é um momento histórico de salvação, pois é ação comemorativa da Páscoa do Senhor, demonstração desta graça no momento presente e, ao mesmo tempo, antecipação da plenitude futura da Igreja celeste.

Você tem consciência de que todas as celebrações litúrgicas comemoram a Páscoa?

Este dado é importante porque a liturgia não é mera representação de um fato acontecido. Ao contrário: toda celebração é ação memorial que nos torna contemporâneos ao fato acontecido historicamente. É isto que constitui a centralidade pascal na liturgia. Nós participamos e somos transformados neste mistério quando somos batizados, crismados e recebemos a Eucaristia.

A celebração do Ano Litúrgico, com o domingo, Dia do Senhor, como nossa Páscoa semanal, anima nossa progressiva e contínua resposta de fé aos três sacramentos recebidos durante toda nossa vida.

O critério fundamental da obra da reforma foi obter a participação consciente, ativa e frutuosa de todos que celebram, já que é um direito e

---

[2] Para aprofundar os temas próprios da reforma litúrgica, recomendamos: NUCAP. *Iniciação à liturgia*. São Paulo, Paulinas, 2013.

uma obrigação do povo cristão, decorrentes do sacerdócio comum dos fiéis que todos recebemos no Batismo.

A liturgia renovada abriu, ainda, os tesouros da Sagrada Escritura de modo mais amplo, variado e adequado. A Palavra de Deus conquistou na liturgia um lugar de "máxima importância", pois todas as celebrações litúrgicas contemplam a proclamação da Palavra, especialmente antes dos ritos sacramentais.

A reforma da liturgia restaurou o catecumenato para o Batismo de adultos conforme o *Ritual de iniciação cristã de adultos*, publicado em 1972, e sua pedagogia de iniciação na fé foi aplicada pelo *Diretório Geral para a Catequese*[3] e pelo *Diretório Nacional de Catequese*.[4]

Continuar a *Catequese Renovada*

[Formar duplas para ler este subtítulo e anotar os cinco ganhos trazidos pela Catequese Renovada.]

O intenso movimento de recepção da reforma litúrgica no Brasil, para tornar a celebração mais próxima do povo e cumprir com o seu objetivo de propiciar a participação ativa, consciente e frutuosa nos mistérios de Cristo, foi igualmente acompanhado por outro grande movimento: em 1983, a CNBB publicou o documento *Catequese Renovada*.

A *Catequese Renovada* estabeleceu durante três décadas a condução da prática e educação da fé na Igreja do Brasil. Essa fase catequética respondeu aos desafios e ao modo de ser Igreja vigente na época. Este documento deu uma guinada na forma de conceber a catequese não apenas como doutrina e apresentou elementos que consolidaram a prática atual da transmissão da fé na Igreja do Brasil. Saltam aos olhos os ganhos que tivemos na catequese.[5]

1) Catequese com forte teor bíblico: a Palavra lida em comunidade é o princípio fundante de toda catequese. No Brasil, temos a tradição já

---

[3] CONGREGAÇÃO PARA O CLERO. *Diretório Geral para a Catequese*. São Paulo, Paulinas, 2009, nn. 88-91.

[4] CNBB, nn. 45-50.

[5] Cf. ibid., n. 13. Este número traça com precisão os avanços que *Catequese Renovada* desencadeou.

assegurada de "unir o livro da vida com o livro da Bíblia", segundo a feliz expressão de Carlos Mesters. Estamos acostumados, com certa naturalidade, a saber ler a Palavra em nossa vida a partir dos fatos cotidianos e a encontrar nela a esperança no sofrimento, o otimismo diante dos fracassos e a resistência na luta. A análise da realidade permite discerni-la à luz da fé e captar a presença de Deus na história. Os sinais dos tempos tornam-se um lugar de revelação de Deus.

2) *O princípio metodológico de interação entre fé e vida*. Busca-se a interação entre fé e vida como sinal de testemunho de fé na sociedade e síntese do processo evangelizador, capaz de informar a cultura com os valores do Evangelho.

3) *O método ver, julgar e agir* vem especificar o princípio de interação entre fé e vida. Este método parte da realidade, reflete sobre os acontecimentos e compromete-se com uma ação consciente e eficiente. Além de ser um método dinâmico, que nos leva à ação transformadora, procura descobrir novos passos de ação por meio do conhecimento da realidade. Gradativamente vai fazendo crescer em nós a comunhão como Igreja e o aprofundamento do Projeto de Deus. Por isso é importante entendermos que as etapas do método não acontecem separadamente.

O "ver" (realidade) analisa o que existe a nossa volta, por isso relatamos fatos, manifestamos nossas experiências, o que sentimos diante das situações, e concluímos as consequências.

O "julgar" (à luz do Evangelho) está entrelaçado com o "ver". Busca estabelecer critérios com base nos princípios cristãos, para analisar como Jesus gostaria que fosse a realidade que nos cerca. Iluminados pela Palavra de Deus e pelos documentos da Igreja, somos despertados para compararmos o que vemos com o que queremos.

O "agir" tem como finalidade levar as pessoas à prática; é o momento da conversão em busca de uma sociedade mais justa e fraterna. Depois, haverá sempre a necessidade de "rever" (avaliar), permeando todo processo com o "celebrar" (vida).

Este método proporciona uma catequese transformadora, no sentido de promover a consciência crítica sobre as contradições sociais, ao mesmo tempo que projeta a luz do Evangelho para discernir a vontade do Senhor e indicar o comportamento ético do cristão na sociedade.

4) A catequese acontece na comunidade. A *Catequese Renovada* insiste na dimensão comunitária da fé para que o cristão se sinta membro responsável da Igreja; compreende a fé como caminhada dos discípulos que se realiza na comunidade fraterna.[6] Nestes moldes, a catequese muito colaborou para a gestação das pequenas comunidades, levadas adiante por um corajoso protagonismo dos leigos. A reflexão da Palavra ligada à vivência da fé desenvolve naturalmente a responsabilidade dos cristãos pela organização comunitária, pelo testemunho de fé e pela ação solidária.

5) "Catequese como processo de iniciação à vida de fé: é o deslocamento de uma catequese simplesmente doutrinal para um modelo mais experiencial, e da catequese das crianças para a catequese com adultos. Tanto a dimensão doutrinal como a da experiência estão integradas no processo de tornar-se discípulo de Jesus. Começa a delinear-se um modelo metodológico que leva à experiência de Deus que se expressa, sobretudo, na vida litúrgica e orante."[7]

Estas conquistas em nosso modo de fazer catequese são decisivas para incorporarmos o estilo catecumenal.

Vivência

A mudança de época pela qual passamos trouxe transformações profundas que afetam os critérios de compreensão e julgamento da vida. Atinge também os valores mais profundos a partir dos quais afirmamos nossa identidade e estabelecemos ações e relações. Torna-se necessário, então, estabelecermos uma outra visão de iniciação cristã.

Vamos relembrar as mudanças decisivas na vida da Igreja após o Vaticano II e, depois, problematizar:

- O que precisa ser conservado na catequese?
- O que precisa ser superado na catequese?
- O que precisa ser colocado em prática na catequese?

---

[6] Cf. *Catequese Renovada*, nn. 63-67.
[7] *Diretório Nacional de Catequese*, n. 13a.

Celebração

[Preparar um ambiente silencioso, à meia-luz. Se possível, dispor as cadeiras em círculo e providenciar velas e um ambão com a Bíblia. Cantar várias vezes um mantra.]

Dirigente: A união da fé com a vida nos leva a uma espiritualidade libertadora e realista, na medida em que reconhecemos a manifestação do Senhor nos fatos de nosso cotidiano. Nossa vida continua a história de salvação, que começou em nossa gestação e foi configurada na Páscoa de Cristo, em nosso Batismo. Nela atua o Espírito do Senhor com a mesma eficácia que suscitou homens e mulheres a conduzirem o povo de Deus na história.

Neste clima de silêncio, recordemos alguns momentos e situações nos quais reconhecemos a efetiva presença de Deus junto a nós.

[Pausa. Em seguida, dedicar um tempo para as pessoas partilharem suas experiências.]

Dirigente: Cantemos ao Espírito Santo, para que sua luz nos possibilite enxergar a ação de Deus em nossa vida e também nos ensine a acolher o Reino que se manifesta discretamente em nosso tempo.

[Canto ao Espírito Santo.]

Leitor 1: O Senhor esteja convosco!

Todos: Ele está no meio de nós.

Leitor 1: Proclamação do Evangelho de Jesus Cristo segundo Mateus 16,1-4 – *Pedido de um sinal*.

Todos: Glória a vós, Senhor.

[O mesmo leitor poderá repetir alguns versículos. O dirigente orienta a reflexão ajudando os participantes a discernirem os sinais da presença do Reino na própria vida, na comunidade ou nos tempos atuais. Poderá partir da reflexão abaixo.]

Dirigente: No início de seu ministério público, conforme Marcos 1,14-15, "Jesus lê os fatos com olhos novos, nascidos de Deus. Para Jesus, a prisão de João Batista fez o prazo se esgotar. Fez a hora de Deus chegar! Isso mostra que Jesus ficava atento aos fatos e aos tempos e os analisava com olhos diferentes. Por isso conseguiu perceber neles a ação de Deus [...]. Jesus ajuda o povo a ler os fatos com os mesmos olhos diferentes: faz refletir a partir do que acontece (Lc 13,1-5); manda estar atento, pois ninguém sabe quando chega a hora (Mt 24,42); ajuda o povo a não ser enganado (Mt 24,4.11.26); critica interpretações erradas (Jo 9,2-3). Através das parábolas procura levar o povo a ter um olhar crítico sobre a realidade do país e sobre a sua prática religiosa".[8]

[Após um tempo de partilha, segue o diálogo.]

Leitor 2: Nossa vocação de catequista nasceu da escuta da voz de Deus em nosso interior. Tivemos que discernir a vontade do Senhor sobre nós, saber o que ele nos diz e qual o rumo que nos aponta.

Continuamente o Senhor se revela a nós, desde a beleza da criação, dos campos verdes, do barulho do mar, até no mais íntimo da nossa consciência. O Senhor falou e as coisas todas existiram. A voz de Deus é soberana sobre todos os acontecimentos. Rezemos o Salmo 29(28) – *O Senhor faz ouvir a sua voz*.

[Em dois coros.]

1. Dai ao Senhor, filhos de Deus, dai ao Senhor glória e poder.

2. Dai ao Senhor a glória do seu nome, adorai o Senhor na sua santa aparição.

1. Eis a voz do Senhor sobre as águas! O Deus glorioso troveja, o Senhor, sobre a imensidão das águas.

2. A voz do Senhor se faz ouvir com força, com majestade se faz ouvir a voz do Senhor.

1. A voz do Senhor corta os cedros, o Senhor corta os cedros do Líbano. Faz saltar como um bezerro o Líbano e o Sarion, como um búfalo novo.

2. A voz do Senhor espalha chamas de fogo; a voz do Senhor sacode o deserto, o Senhor sacode o deserto de Cades.

1. A voz do Senhor entorta os carvalhos e desnuda as florestas. E no seu templo todos dizem: "Glória!".

---

[8] MESTERS, Carlos. *A prática evangelizadora de Jesus revelada nos Evangelhos*. Disponível em: <http://www.nossasenhoradasgracas.org/index.php?option=com_content&view=article&id=1095&catid=28&Itemid=43>. Acesso em: 17/08/2015.

2. O Senhor tem seu trono na tempestade, o Senhor se assenta como rei para sempre. O Senhor dará força a seu povo, o Senhor abençoará seu povo com a paz.

1. Glória ao Pai, e ao Filho, e ao Espírito Santo.

2. Como era no princípio...

Dirigente: Oremos.

Ó Pai, vós nos enviastes o vosso Verbo, pelo qual tudo foi criado. Concedei-nos ouvir a vossa voz nos acontecimentos e dai-nos seguir a vossa inspiração com um coração sempre pronto para acolher aquele que sofre. Por NSJC...

Todos: Amém.

Dirigente: O Senhor esteja convosco!

Todos: Ele está no meio de nós.

Dirigente: Abençoe-nos o Deus todo-poderoso, Pai...

Todos: Amém!

4 Ritual de Iniciação Cristã de Adultos

A novidade absoluta do modelo iniciático, ou de inspiração catecumenal, consiste em situar a catequese no lugar onde ela nasceu, ou seja, dentro do catecumenato.

Preparando o ambiente

Traçar um caminho, seja com areia, pedras ou papel, e colocar sobre ele um par de sandálias (desenhadas ou em miniatura) ou o desenho da planta dos pés. Um pouco antes do fim do caminho, por juntos os três sinais: recipiente com água, outro com óleo e bandeja com pão. Não se pode esquecer de colocar o livro das Sagradas Escrituras em algum lugar do caminho.

Espiritualidade

Dirigente: Estrada, via ou itinerário nos recordam o mesmo movimento de sair em busca de algo, tal como uma travessia que vai de um lugar a outro. O caminho evoca o dinamismo de mudança, de deixar um modo de ser para conseguir outro melhor.

[Convidar os participantes para contemplarem o caminho.]

Dirigente: O Antigo Testamento nos lembra sempre da caminhada do povo de Deus. Esta tem origem no êxodo de Abraão, depois continua com a fuga do Egito e a peregrinação pelo deserto em busca da terra prometida.

O Senhor revela a sua face ao longo da estrada de nossa existência. Assim como "o Senhor falava com Moisés face a face, como um homem fala com seu amigo" (Ex 33,11), ou quando Moisés, sentindo-se fraco e prostrado por terra, disse: "Senhor, peço-te, caminha conosco; embora este seja um povo de cabeça dura, perdoa nossas culpas e nossos pecados e acolhe-nos como propriedade tua" (Ex 34,9).

[Recomenda-se cantar a primeira estrofe do canto: "O povo de Deus".][1]

Somente é possível encontrar-se com Deus caminhando. Por isso, a arca da Aliança acompanhava o povo. Deus se fez itinerante. A música já nos alerta: "Caminheiro, você sabe, não existe caminho. Passo a passo, pouco a pouco, e o caminho se faz".

A imagem do romeiro, muitas vezes indo a pé em busca do santuário, ali onde Deus reside, deixa clara nossa necessidade de buscar a revelação de Deus. Por isso, o caminho é o símbolo que melhor representa a iniciação à vida cristã.

Todos: Eu sou o caminho, a verdade e a vida.

[Se possível, cantado.]

Leitor 1: Após a morte de Jesus, os dois discípulos decepcionados deixavam Jerusalém e, "enquanto conversavam e discutiam, o próprio Jesus se aproximou e começou a caminhar com eles" (Lc 24,15). Eis a paciência do Mestre, que acompanha nossos processos de crescimento na fé.

Todos: Eu sou o caminho, a verdade e a vida.

Leitor 2: Diante da frustração deles, Jesus, "começando por Moisés e passando por todos os Profetas, explicou-lhes, em todas as Escrituras, as passagens que se referiam a ele" (v. 27). Somente a Palavra de Deus converte nosso coração cansado e nos faz conhecer o Senhor.

Todos: Eu sou o caminho, a verdade e a vida.

Leitor 1: A Palavra nos conduz ao encontro sacramental com o Senhor: "Depois que se sentou à mesa com eles, tomou o pão,

---

[1] Nelly Barros. CD: 06876-4 – *O canto das comunidades*. Paulinas, COMEP, 1996.

pronunciou a bênção, partiu-o e deu a eles. Nesse momento, seus olhos se abriram, e eles o reconheceram" (vv. 30-31).

Todos: Eu sou o caminho, a verdade e a vida.

Leitor 2: Somente a Palavra de Deus converte o nosso coração cansado e nos faz conhecer o Senhor. "Então um disse ao outro: 'Não estava ardendo o nosso coração quando ele nos falava pelo caminho e nos explicava as Escrituras?'" (v. 32).

Todos: Eu sou o caminho, a verdade e a vida.

Para refletir[2]

[Ler em grupo ou alguém pode explicar as ideias centrais do texto.]

Percebe-se uma mudança substancial na forma de encarar a iniciação cristã, para superar a fragmentação e os estigmas tão presentes na maneira de se incorporar à Igreja. Atualmente, o *Ritual de Iniciação Cristã de Adultos* remonta à forma que a Igreja desenvolveu nos primeiros quatro séculos para acolher aqueles que se aproximavam com o desejo de se tornar cristãos. Ele nos possibilita recuperar a unidade do processo da iniciação cristã para alcançar a identidade cristã após um longo caminho de fé e conversão. Já dizia Tertuliano: "O cristão não nasce, se torna cristão".

No RICA, a Igreja retomou o processo catequético-sacramental para a pessoa se tornar cristã. O conceito de *iniciação* traz o diferencial de que não se trata de algo superficial, mas de um processo consciente e gradual capaz de gerar a novidade de vida e conduzir a pessoa a uma nova forma de ser e de estar no mundo.

"Iniciação" significa ingresso, princípio de conhecimento. Até hoje, as religiões têm diferentes formas de iniciar o candidato em sua comunidade. Este processo quase nunca se dá da noite para o dia. É como um namoro que vai se prolongando até amadurecer uma decisão. Os especialistas falam normalmente de três fases:

---

[2] Este tema poderá se valer do subsídio: COMEP. *Iniciação à vida cristã*: catequese com estilo catecumenal, 2016. DVD.

Preparação	Celebração ritual	Vivência
ANTES	DURANTE	DEPOIS

Nossas religiões indígenas e afro-brasileiras têm um processo exuberante e repleto de ritos próprios para marcar a entrada do candidato como um ser novo, conhecedor dos mistérios e com plenos direitos na comunidade. O conceito de "iniciação" mostra a globalidade e a envergadura do processo de transformação que a pessoa sofre, passando a se definir como uma outra pessoa. Então, acontecerá o que a gente comumente diz: "Fulano mudou da água para o vinho".

Você conhece alguém que foi iniciado na maçonaria, na umbanda ou em alguma denominação religiosa? O que percebeu de diferente no seu comportamento, antes e depois da entrada no grupo? A criança de rua, o pequeno traficante, o adolescente que se prostitui... como foi a iniciação deles?

O conceito de iniciação valoriza o caminho de evangelização no qual a pessoa adquire hábitos, valores e atitudes em consonância com o Evangelho. Faz-nos redimensionar a celebração dos sacramentos. Estes não são apenas um ato, mas só adquirem sentido dentro do processo de evangelização, no qual eles selam, inauguram, uma realidade nova na vida de quem buscou a forma de ser e de se relacionar como cristão.

O RICA traz elementos novos e próprios capazes de produzir uma imagem unitária da iniciação, evitando sua fragmentação, pois estes foram se perdendo ao longo do tempo, à medida que, ao redor de cada um dos três sacramentos, foi criando um eixo próprio de sentido independentemente do outro. Os elementos próprios da iniciação dos adultos, em parte, já nos são conhecidos e praticados em nossa catequese; porém, o aprofundamento e a combinação deles produzirão o diferencial esperado.

O RICA tem a finalidade de:

- *significar de maneira nova a unidade dos três sacramentos*, pois os três juntos eram celebrados na noite santa da Vigília Pascal. Assim poderemos entender melhor por que o Batismo se realiza na Eucaristia, qual é o lugar da Confirmação neste processo, por que é a Eucaristia que coroa todo o processo de iniciação.

- *sublinhar o caráter pascal da iniciação*: esta configura o eleito na morte e ressurreição de Cristo, conferindo-lhe a mesma missão e destino do Senhor. Esta é a nossa identidade.
- *marcar ritualmente os tempos da iniciação cristã* para despertar à conversão a fé do candidato:

Tempos	Pré-catecumenato		Catecumenato		Purificação		Mistagogia
Duração	Alguns meses		Um ou mais anos		Quaresma		Tempo Pascal
Conteúdos	Querigma	Entrada, recepção ou admissão no catecumenato	Catequese integral e graduada Discipulado	Eleição, inscrição do nome	Preparação imediata	Celebração dos sacramentos: Vigília Pascal	Catequese sacramental e litúrgica
Finalidade	Aproximar-se da vida de fé e da comunidade		Aprofundar a fé		Amadurecer as decisões		Integrar-se na comunidade
Celebrações	Encontros com os introdutores		Celebrações da Palavra Exorcismos menores Bênçãos		Três escrutínios Entrega do Símbolo e do Pai-Nosso		Eucaristias comunitárias Aniversário do Batismo
Funções	Acolhida e conversão		Conversão		Iluminação		Contemplação
Categoria	Pré-catecúmenos, ou simpatizantes, ou interessados		Catecúmenos ou ouvintes		Eleitos ou competentes		Neófitos

A novidade absoluta deste paradigma iniciático, ou de inspiração catecumenal, consiste em situar a catequese no lugar onde ela nasceu, ou seja, dentro do catecumenato. Aí a catequese alcança um maior equilíbrio entre seus vários elementos. Assim, aquilo que é especificamente catequético, ou seja, o anúncio da Palavra, o ensinamento doutrinal, o aprofundamento da fé, o exercício da vida cristã, fica imerso num clima muito mais propício ao cultivo do crescimento da fé: a oração, a celebração litúrgica, os ritos, os escrutínios e outras práticas propostas pelo RICA: é a mistagogia, ou seja, a ação de introduzir os catecúmenos e catequizandos nos mistérios da fé através das celebrações e do ensino.[3]

Vivência

Após apurar um doce por longo tempo no fogo, devemos estar muito atentos ao momento em que ele estiver no ponto, para tirá-lo do fogo imediatamente. O ponto marca justamente este novo estado de consistência e sabor que o doce adquire. Por sua vez, a iniciação é exatamente este ponto de virada; após percorrer um itinerário de fé, marca uma etapa nova com novas convicções e valores de vida.

Em pequenos grupos, comentar as afirmações:

- Precisamos de uma catequese de iniciação que realmente transforme o modo de pensar do catequizando.
- Adquirir atitudes e valores conforme o Reino e ver as pessoas em primeiro lugar, como fez Jesus, é o que importa.
- Os sacramentos conferem sentido pleno à caminhada de conversão realizada pela catequese.

Celebração

[Na entrada, distribuir velas para todos. Preparar um círio.]

Dirigente: Vamos celebrar a trajetória de fé de Maria Santíssima, que, além de ser a Mãe de Jesus, também aprendeu a ser discípula dele. Igualmente, nossa fé precisa crescer e ser educada na escola do Mestre, para, de fato, responder afirmativamente ao projeto de Deus. Maria é a primeira cristã, porque aderiu plenamente à vontade de Deus, sendo fiel ao seu Filho em meio às contrariedades, durante o seu curto ministério.

[Canto: "Primeira cristã".][4]

---

[3] CELAM. *A alegria de iniciar discípulos missionários em mudança de época*, n. 38.
[4] Padre Zezinho, scj. CD: 12180-0 – *Em verso e em canção*. Paulinas, COMEP, 1998.

Dirigente: Em nome do Pai, e do Filho, e do Espírito Santo.

Todos: Amém.

Dirigente: A graça e a paz de Deus, nosso Pai, o amor de Jesus Cristo ressuscitado e a comunhão do Espírito Santo estejam convosco.

Todos: Bendito seja Deus que nos reuniu no amor de Cristo.

Dirigente: Um coração aberto à graça e confiante no Senhor é o primeiro passo para crescermos em nossa vida de fé. Maria acolhia todos os acontecimentos a respeito de seu Filho e os guardava em seu coração. A nossa fé está ancorada no nome, na pessoa de Jesus Cristo. Ele é a luz que ilumina os nossos passos, sem ela tudo se torna trevas.

> [Em ambiente à meia-luz, vagarosamente entra alguém com a luz de um círio. Pode-se cantar: "Ó luz do Senhor..." ou outra música com o mesmo tema. O círio é colocado próximo ao ambão. Os outros participantes permanecem sentados.]

Dirigente: A luz da fé em Cristo brilhou no dia de nosso Batismo; ela deverá guiar nossos pensamentos e dar sentido a nossa vida. A Mãe de Jesus se guiou pela fé e se colocou plenamente disponível à vontade do Pai.

> [Proclamar devagar, com clareza e convicção.]

Leitor 1: Leitura da Carta aos Hebreus (1,1-4 e 3,7-14).

Leitor 2: Salmo 95(94) – *Vinde, adoremos o Senhor!*

> [Em dois coros.]

1. Vinde, exultemos no Senhor, aclamemos o Rochedo que nos salva,

2. vamos a ele com ações de graças, vamos aclamá-lo com hinos de alegria.

1. Pois o Senhor é um grande Deus, grande rei acima de todos os deuses.

2. Na sua mão estão os abismos da terra, são suas as alturas dos montes.

1. É dele o mar, foi ele quem o fez, e a terra firme, que suas mãos modelaram.

2. Vinde, prostrados adoremos, de joelhos diante do Senhor que nos criou.

1. Ele é o nosso Deus, e nós o povo sob seu governo, o rebanho que ele conduz.

2. Quem dera que hoje ouvísseis sua voz: "Não endureçais os corações, como em Meriba, como no dia de Massa no deserto,

1. onde vossos pais me tentaram, me provaram, apesar de terem visto minhas obras.

2. Por quarenta anos aquela geração me aborreceu, e eu disse: 'São um povo de coração transviado, não conhecem meus caminhos';

1. por isso jurei na minha ira: não entrarão no meu repouso".

Canto de aclamação ao Evangelho

Dirigente: O Senhor esteja convosco!

Todos: Ele está no meio de nós!

Dirigente: Proclamação do Evangelho de Jesus Cristo segundo Lucas 1,30-31.34-35.38 – *Anúncio do nascimento de Jesus.*

Todos: Glória a vós, Senhor!

> [Na homilia destacar, como Maria, a necessidade da adesão incondicional à fé em Cristo e segundo o Evangelho. Em seguida, sugere-se refletir sobre as perguntas abaixo.]

Dirigente: Considero-me uma pessoa iniciada na fé cristã? Posso dizer que acolher o Reino é o tesouro escondido ou a pérola preciosa, pelos quais abri mão de tudo para adquiri-los? Será que conseguiria viver sem fé?

Muitas vezes mudamos o rumo de nossos passos, outras vezes percebemos grandes mudanças em nós. Até que ponto a fé em Cristo é determinante para eu direcionar o que faço? A fé no Evangelho guia minha consciência para eu tomar as decisões e conduzir meus relacionamentos afetivos?

A fé continuamente me traz alegria, consolo e esperança? Sinto-me, de fato, apoiado no amor e na misericórdia divina; de sorte que as decepções e dificuldades levam a me unir mais ainda ao Senhor?

[Reservar um tempo para os participantes partilharem suas experiências. Importa ressaltar a consciência de fé que desenvolvemos para tomar nossas decisões e assumir suas consequências.]

Ato de renovação da fé batismal

Dirigente: No Batismo, Deus coloca em nós a fé, a esperança e o amor, para sermos capazes de viver de acordo com seu projeto. O cristão passou das trevas à luz, passou a fazer parte da comunidade dos santos na luz. Essa centralidade real e sacramental não pode ser desvinculada, na prática, da centralidade pessoal. Por isso, entendemos a vida cristã como luta contra toda situação de pecado. E entendemos a fé como o dom que transformou nossa vida e dá sentido a ela.

[Os participantes acendem suas velas no círio, enquanto cantam: "Deixa a luz do céu entrar".][5]

Dirigente: Cristo é a nossa luz e quem nele crer não andará nas trevas. Portanto, lhes pergunto: "Renunciais ao demônio?".

Todos: Renuncio.

Dirigente: E a todas as suas obras?

Todos: Renuncio.

Dirigente: E a todas as suas seduções?

Todos: Renuncio.

Dirigente: Credes em Deus Pai todo-poderoso, criador do céu e da terra?

Todos: Creio.

Dirigente: Credes em Jesus Cristo, seu único Filho, nosso Senhor, que nasceu da Virgem Maria, padeceu e foi sepultado, ressuscitou dos mortos e subiu ao céu?

---

[5] CD: 12042-1 – *Louvemos ao Senhor 1 e 2*. (DR) Paulinas, COMEP, 1996.

Todos: Creio.

Dirigente: Credes no Espírito Santo, na Santa Igreja Católica, na comunhão dos santos, na remissão dos pecados, na ressurreição dos mortos e na vida eterna?

Todos: Creio.

Dirigente: Esta é a nossa fé, que da Igreja recebemos e sinceramente professamos, razão de nossa alegria em Cristo, nosso Senhor.

Todos: Demos graças a Deus!

[Enquanto o dirigente asperge a assembleia com água benta, recomenda-se um canto batismal e depois se apagam as velas.]

Dirigente: O Espírito Santo clama em nosso coração: "Abbá!". Por isso rezamos como Jesus.

Todos: Pai nosso...

Bênção final

Dirigente: Deus todo-poderoso vos abençoe e vos guarde.

Todos: Amém.

Dirigente: Que sempre guardemos em nosso coração as palavras que ouvimos e as coloquemos na trilha de nossa vivência.

Todos: Amém.

Dirigente: Oriente para ele os nossos passos e nos mostre o caminho da caridade e da paz.

Todos: Amém.

Dirigente: Abençoe-nos o Deus todo-poderoso, Pai e Filho e Espírito Santo.

Todos: Amém.

Dirigente: Vamos em paz, e o Senhor vos acompanhe.

Todos: Demos graças a Deus.

5 Seguir o caminho: tempos e celebrações

Os tempos e celebrações de passagem constituem uma proposta gradativa de aproximação do mistério celebrado com o mesmo mistério anunciado, tendo em vista a conversão dos costumes.

Preparando o ambiente

Se no capítulo anterior foi preparado o caminho, agora é hora de colocar uma cruz no início dele.

Espiritualidade

Dirigente: Acolher é a atitude de nossa parte que demonstra aceitação incondicional do outro, livre dos preconceitos, para crescer junto com ele. Tiramos as arestas de nosso coração e nos predispomos a ajudá-lo. Acolher faz bem para quem recebe o outro e para aquele que é recebido. Envolve simplicidade para se aproximar, atitude de escuta para conhecer e interesse de ajudar o outro.

Vamos fazer o exercício de nos acolher mutuamente. Procuremos uma posição cômoda para nos sentar, livres de objetos e bolsas.

[Esperar o ambiente ficar plenamente silencioso e concentrado.]

Dirigente: Fechemos os olhos e controlemos nossa respiração, deixando-a profunda e ritmada.

[Pausa.]

Dirigente: Deixemos nosso coração livre da ansiedade, dos pensamentos, e calmamente nos predisponhamos a receber a grande novidade do diferente e do inesperado. Vamos deixar acontecer um grande encontro.

[Pausa.]

Dirigente: O Senhor prepara o encontro. As pessoas não passam por acaso em nossa vida. Resta-nos saber: o que devo aprender com o outro? Como posso ajudá-lo?

Decididamente, quero acolher aqueles que o Senhor me enviar. Eu vou cumprir minha missão com eles.

Vamos abrir nossos olhos.

Acolher como o Senhor

Leitor 1: O Senhor acolhe sem medidas. Ele olha para o interior das pessoas e é capaz de superar a opinião comum e preconceituosa da maioria; assim como ocorreu na casa de Mateus, o publicano, coletor de impostos, malvisto pela sociedade.

Leitor 2: O Senhor esteja convosco!

Todos: Ele está no meio de nós!

Leitor 2: Proclamação do Evangelho de Jesus Cristo segundo Mateus 9,9-13 – *Vocação de Mateus*.

[Dirigente comenta este Evangelho e pede para o grupo recordar outros encontros que marcam a acolhida do Senhor, p. ex.: a pecadora que unge os pés de Jesus, a conversão de Zaqueu, a samaritana, os leprosos, o paralítico..., e também quem precisa ser acolhido hoje em nossas comunidades e em nossa vida pessoal.]

Dirigente: Vamos nos cumprimentar com um abraço, nutrindo nosso coração com a mística da acolhida. Busquemos aqueles que menos conhecemos e lhes demonstremos nossa ternura e aceitação.

Oração da acolhida

Todos: Senhor, nosso coração anda atrás de muitas coisas/ somos distraídos e tantas vezes insensíveis./ Convertei-nos, Senhor./ Venha sobre nós a graça do vosso Santo Espírito,/ cobri-nos com a vossa misericórdia,/ assim seremos sinais do vosso amor e da vossa compaixão,/ especialmente para os que sofrem./ Não nos deixeis à mercê de nosso egoísmo que não enxerga o outro./ Dai-nos coragem para amar e/ nos comprometer sempre mais/ com aquele que se aproxima de nossa comunidade e/ pede nossa atenção e testemunho./ Queremos ser missionários da acolhida,/ assim como vós acolhestes os pecadores, os publicanos, os doentes e as crianças./ Dai-nos conversão para uma vida nova./ Amém.

Para refletir

[O texto é apresentado diretamente para todos os participantes.]

É hora de o catequista se apropriar da estrutura do Batismo de adultos para, num segundo momento, perceber os elementos próprios que a caracterizam e que poderão devolver a unidade do processo de iniciação cristã para uma pessoa se sentir realmente cristã, com uma identidade que confira pleno sentido a sua existência.

No quadro do capítulo anterior, vimos a forma completa do itinerário catequético e sacramental da iniciação cristã dos adultos. O *Diretório Nacional de Catequese*, n. 46, descreve os quatro tempos:

"a) o *pré-catecumenato*: é o momento do primeiro anúncio, em vista da conversão, quando se explicita o querigma (primeira evangelização) e se estabelecem os primeiros contatos com a comunidade cristã (cf. RICA, nn. 9-13);

b) o *catecumenato* propriamente dito: é destinado à catequese integral, à entrega dos Evangelhos, à prática da vida cristã, às celebrações e ao testemunho da fé (cf. RICA, nn. 14-20);

c) o tempo da *purificação* e *iluminação*: é dedicado a preparar mais intensamente o espírito e o coração do catecúmeno, intensificando a conversão e a vida interior (cf. RICA, nn. 21-26); nesta fase recebem o Pai-Nosso e o Credo; no final recebem os sacramentos da iniciação: Batismo, Confirmação e Eucaristia (cf. RICA 27-36);

d) o tempo da *mistagogia*: visa ao progresso no conhecimento do mistério pascal através de novas explanações, sobretudo, da experiência dos sacramentos recebidos, e ao começo da participação integral na comunidade (cf. RICA, nn. 37-40)".

Os quatro tempos devem ser ultrapassados seguindo a direção do menor compromisso ao maior empenho, da escuta da Palavra e da mudança crescente e constante de costumes e práticas de boas obras; sobre esta dinâmica se fundamenta a qualidade do progresso educativo.

As três celebrações de passagem, chamadas pelo RICA de etapas, são:

a) *Celebração da entrada no catecumenato:* os candidatos reúnem-se publicamente pela primeira vez, possivelmente numa missa dominical, e depois da homilia produz-se o diálogo do pároco com catequizandos, catequistas, pais e introdutores. Os catequizandos manifestam suas intenções à Igreja, enquanto esta acolhe os que se pretendem tornar seus membros, com a assinalação da cruz e a entrega da Bíblia, e os cerca de amor e proteção (cf. RICA, nn. 18.68-97). São assinalados todos os sentidos, os ombros e o peito do candidato; essa assinalação será culminada com a cruz traçada com óleo no crismando, a fim de receber o Espírito Santo e, com a força deste Espírito, poder abraçar a cruz do Senhor.

Esta celebração, com algumas variantes e os gestos principais de assinalação da cruz e entrega da Bíblia, poderá constar no itinerário da iniciação à Eucaristia, crisma e catecumenato de adultos. Eis uma oportunidade ímpar para reunir todos os envolvidos na catequese numa missa dominical da comunidade. Com esta celebração tem início o tempo do catecumenato.

b) *Celebração da inscrição do nome ou eleição:* no primeiro domingo da Quaresma, em uma missa dominical (cf. RICA, nn. 21-24.133-142), após a homilia, os catecúmenos e catequizandos considerados maduros se inscrevem para receber os sacramentos na Vigília Pascal daquele ano. A equipe catecumenal apresenta os candidatos para a comunidade e, em seu nome, o pároco os recebe, reza sobre eles, para que progridam no caminho de abraçar o Evangelho e sigam os passos de Jesus Cristo, especialmente durante o tempo da Quaresma.

Chama-se "eleição" porque a admissão, feita pela Igreja, se baseia na eleição de Deus, em cujo nome ela se realiza; chama-se também "inscrição dos nomes", pois os nomes dos futuros batizados ou crismados são inscritos no livro dos eleitos. Requerem-se deles a fé esclarecida e a vontade deliberada de receber os sacramentos da Igreja.

[Esta celebração se aplica ao catecumenato de adultos e ao crismal.]

c) *Celebração dos sacramentos:* o Tríduo Pascal resplandece como o ápice de todo o Ano Litúrgico; os três dias são considerados único mistério, segundo a expressão de Santo Agostinho: santíssimo tríduo do crucificado, sepultado e ressuscitado; e se prolonga por cinquenta dias como um dia de Páscoa, como extensão daquele domingo que nunca deverá acabar.[1]

Ao centralizar as catequeses ao redor do Tríduo Pascal, incluindo tanto sua fase de preparação (Quaresma) quanto sua fase posterior (Tempo Pascal), ressalta-se a inserção ou configuração pascal como meta de todo o processo iniciatório. A Vigília Pascal é o ápice de todo o processo. Nessa noite, a Igreja comemora com máxima solenidade a Páscoa do Senhor! Busca-se a configuração em Cristo, imagem perfeita do Pai, através dos sacramentos pascais. A comunidade, por sua vez, diante dos neobatizados, recorda sua iniciação e renova seus compromissos batismais.

Cada tempo é finalizado com um rito que indica a passagem para o tempo seguinte. São considerados tempos de *informação* e *amadurecimento*, mais diretamente relacionados à catequese. Esses ritos de passagem (cf. RICA, n. 7) não acontecem como momentos isolados, mas atuam em profunda conexão com a vivência de cada tempo.

Encontra-se aqui uma proposta nova de aproximação do mistério celebrado com o mesmo mistério anunciado, por isso esse *Ritual* constitui o melhor modelo de interação entre catequese e liturgia. O RICA valoriza o caráter memorial da Páscoa em celebrações da Palavra, bênçãos, exorcismos, escrutínios, e culmina o processo na celebração da Vigília Pascal; propõe a pedagogia dos gestos e sinais litúrgicos, principalmente os sacramentais; aplica os elementos da teologia litúrgica renovada, por exemplo, assembleia, ministérios, sacerdócio comum...

O *Diretório Nacional de Catequese*, n. 49, nos afirma que não precisamos copiar ao pé da letra toda a ritualidade do Batismo de adultos,

---

[1] Cf. LELO, A. F. *Tríduo pascal*: espiritualidade e preparação orante. São Paulo, Paulinas, 2009.

mas inspirar-se nela para a catequese em suas várias idades, ao deixar-se fecundar pelos seus principais elementos. Toda forma de iniciação cristã deverá adaptar-se ao estilo catecumenal, inclusive o processo formativo por idades.

Faça um esforço e procure memorizar os nomes dos quatro tempos e das três celebrações de passagem.

Comente: num primeiro olhar, que elementos da estrutura dos tempos e celebrações de passagem podem ser aplicados ao itinerário catequético do seu grupo de catequizandos?

Progressividade

Do entrelaçamento dos quatro tempos e das três etapas surge uma característica muito específica deste método/itinerário: a progressividade. Assim, como subir os degraus de uma escada, o catequizando vai progredindo de um tempo a outro na adesão e entendimento da fé, como também na transformação da vida e aquisição de novas atitudes. Cada tempo e etapa supõe uma resposta de adesão sempre mais consciente do candidato, que igualmente lhe corresponderá uma vida sempre mais evangélica.

Os catecúmenos/catequizandos alcançam a maturidade cristã por meio da formação integral que se desenvolve numa pedagogia marcada pelo *processo gradativo*. Dessa forma, o indivíduo é levado a converter-se de seus costumes e pensamentos, até ser incorporado na Igreja e chegar à íntima percepção do mistério.[2]

A formação integral combina três componentes fundamentais:

a) por uma *catequese* apropriada, disposta em etapas, relacionada com o ano litúrgico e apoiada nas celebrações da Palavra, os candidatos chegam à íntima percepção do mistério da salvação;
b) a partir das *disposições interiores* manifestadas durante o catecumenato, adquirem a maturidade espiritual;

---

[2] Cf. Concílio Vaticano II, *Ad Gentes*, n. 14.

c) graças aos *ritos litúrgicos* se purificam pouco a pouco e se conservam pelas bênçãos divinas.[3]

Por meio de uma comunhão cada vez maior com o mistério pascal, e ao descobrir novos valores dados pelo anúncio da fé, a pessoa é capaz de incorporá-los, fazê-los seus, a ponto de ressignificar sua vida, mudar o modo de ser e de existir no mundo. O candidato vai protagonizando o trânsito do velho ao novo ser humano; tal progresso antecipa a conformação com Cristo, que ocorrerá sacramentalmente no Batismo.

Em relação aos nossos catequizandos, observemos suas mudanças de comportamento, de atitudes e de valores durante as várias etapas. Estejamos atentos à maneira evangélica que eles vão adquirindo, tais como os gestos de gentileza e de doação... Faça uma pausa e reflita sobre isto com outros catequistas.

Vivência

A progressividade da conversão pretendida pela inspiração catecumenal corresponde ao progressivo anúncio da Palavra e à continuada celebração dos ritos que acontecem durante os tempos anteriores à celebração dos sacramentos. De maneira semelhante, vamos também observar nossa progressiva trajetória e perceber os significativos passos que demos para alcançar a maturidade de fé.

Depois de ser crismada(o), como você desenvolveu sua vida de oração e de compromisso com a comunidade até chegar a ser catequista?

Celebração

[Preparar um ambiente tranquilo. Se possível, dispor as cadeiras em roda, com velas no centro. Iniciar a celebração com o canto de algum refrão ou mantra e acender as velas.]

Dirigente: A conversão em direção a Cristo é a linha constante de toda a nossa vida, que começa durante o processo de iniciação.

---

[3] Cf. RICA, nn. 19 e 98.

Anunciamos e celebramos o mistério de fé para nos converter cada vez mais a ele.

A experiência inicial de fé do Batismo se consolida à medida que a Palavra de Deus, juntamente com a Eucaristia, vai iluminando os acontecimentos de nossa vida. Este exercício desenvolve nossa fé, pois o Senhor continua batendo a nossa porta e insistentemente nos mostra caminhos bem diferentes do que havíamos imaginado.

[Um(a) catequista poderá descrever os passos de sua caminhada de fé.]

Dirigente: Em nosso caminho de fé temos a tentação de não reconhecermos a revelação de Deus, porque ele não se apresenta de maneira ostensiva. Por isso, como aqueles que se espantavam com o Mestre, ousamos perguntar-lhe: "Que sinais realizas para que possamos ver e acreditar em ti? Que obras fazes?" (Jo 6,30). Somente com o passar dos anos compreendemos que o Senhor nunca nos abandonou, que seu braço forte e sua mão sempre estiveram estendidos sobre nós. Entretanto, com um olhar retrospectivo conseguimos avaliar o quanto Deus nos amou e guiou os nossos passos.

[Canto de aclamação.]

Leitor 1: O Senhor esteja convosco!

Todos: Ele está no meio de nós.

Leitor 1: Proclamação do Evangelho de Jesus Cristo segundo Lucas 6,43-49 – *A árvore e os frutos; a casa bem construída*.

Todos: Glória a vós, Senhor.

Dirigente: Vamos averiguar os frutos bons que a nossa fé foi capaz de gerar com as nossas mãos, afinal, queremos ser a árvore boa cheia de frutos. Ao longo de nossa história, o saldo sempre será positivo, pois é o Senhor quem anima nossa caminhada.

A imagem da árvore repleta de frutos se alinha com a da casa solidamente construída sobre a rocha. Aí podemos nos perguntar: Que significa cavar fundo e firmar os alicerces? Quais são os alicerces de nossa casa?

[O dirigente convida os participantes a se manifestarem sobre os frutos da fé e sobre como continuar uma vida de fé sem enganos.]

Dirigente: A nossa fé vai adquirindo consistência quando ela se torna mais importante que os bens desta vida. Ela é superior a eles. No caminho da iniciação cristã, a assinalação da cruz, os exorcismos, os escrutínios, a unção com óleo e o próprio banho batismal marcam a renúncia ao mal, o desapego do mundo e o caminhar decidido do catequizando em direção a Cristo, até ser plenamente incorporado nele. Isto acontece à medida que aos poucos abandona as ciladas do mal e assume o Evangelho em sua vida. Assim como afirma o prefácio da Quaresma: "Deixando, de tal modo, as coisas que passam, possam abraçar mais plenamente as que não passam".

É a passagem da escravidão do mal e do pecado para a condição livre dos filhos de Deus. O banho batismal à luz do Êxodo simboliza o abandono da casa da servidão (Egito) pela terra da liberdade. A Eucaristia é a Páscoa da libertação.

[Dirigente orienta a formação de duplas. Então, em silêncio, um colega impõe as mãos sobre a cabeça do outro, e vice-versa. Em seguida, o dirigente levanta as mãos e reza.]

Dirigente: Oremos.

Senhor Deus onipotente,/ criastes o ser humano à vossa imagem e semelhança,/ em santidade e justiça,/ e quando ele se tornou pecador,/ não o abandonastes,/ mas pela encarnação de vosso Filho/ lhe providenciastes a salvação./ Salvai estes vossos servos e servas,/ livrai-os de todo mal e da servidão do inimigo/ e deles expulsai o espírito de mentira, cobiça e maldade./ Recebei-os em vosso Reino/ e abri seu coração à compreensão do vosso Evangelho,/ para que sejam filhos da luz/ e membros da vossa santa Igreja,/ deem testemunho da verdade/ e pratiquem a caridade segundo os vossos mandamentos./ Por Cristo, nosso Senhor (RICA, n. 373 [115]).

Todos: Amém.

[Pode-se concluir com o abraço da paz.]

6 Método querigmático

A catequese querigmática requer um testemunho intrépido de fé, sem timidez, consolidado na experiência de vida pessoal e comunitária de conviver com Cristo e ter sido salvo por ele.

Preparando o ambiente

Favorecer um ambiente acolhedor, aconchegante. Se possível, dispor as cadeiras em roda. No centro da sala, forrar uma parte do chão utilizando tecido colorido, de preferência da cor do tempo litúrgico em vigência, e sobre ele colocar a Bíblia em destaque, uma vela acesa e vaso com flores ou uma planta.

Espiritualidade

Dirigente: Para anunciar Jesus partimos de uma experiência de fé que tocou nossa vida nos limites de sua fragilidade. Aí nos damos conta de que precisamos de Deus para sustentar nossos passos e auxiliar nossa travessia. Em duplas, vamos nos fazer as seguintes perguntas: como perceber a manifestação de Deus na própria vida? Quem já sofreu uma situação de grande perda ou sofrimento e reconheceu nela a passagem de Deus? Em que situações ou momentos a manifestação de Deus ficou mais clara?

[Selecione uma experiência de fé para ser partilhada com o grupo como acontecimento de salvação.]

Leitor 1: Leitura do primeiro livro de Reis 19,9-18 – *Manifestação de Deus a Elias*.

[Pausa silenciosa.]

Leitor 2: "Também hoje, em nossa vida, Deus se manifesta muitas vezes e de maneiras diferentes. Por vezes se serve de acontecimentos extraordinários, como são os desequilíbrios da natureza, as grandes decepções, uma doença grave ou a morte de uma pessoa que nos é querida. Normalmente, porém, manifesta-se em nossa vida por meio de brisas suaves, isto é, de acontecimentos tão simples que não valorizamos, tão rotineiros que nem percebemos, tão frequentes que nem lhes damos valor. Contudo, cada passagem sua é especial, não repetível e única".

Leitor 3: "O episódio envolvendo Elias nos ensina que é o Senhor quem escolhe a maneira de se manifestar para nós. Cabe a nós descobrir essa maneira [...]. Enquanto isso, o Deus vivo e verdadeiro passa em nossos caminhos como uma brisa suave e amena, para possibilitar-nos experiências marcadas pelo amor, pela alegria e pela paz. Só o perceberemos se formos capazes de valorizar o sorriso de uma criança, a beleza de uma flor à beira do caminho ou a onda do mar que se desmancha na areia da praia".[1]

Dirigente: Peçamos perdão pelas vezes que fomos surdos e cegos e não percebemos a passagem de Deus em nossa vida.

Senhor, que vindes visitar vosso povo na paz, tende piedade de nós!

Todos: Tende piedade de nós!

Dirigente: Cristo, que continuamente nos visitais com a graça do vosso Espírito, tende piedade de nós!

Todos: Tende piedade de nós!

Dirigente: Senhor, que vindes criar um mundo novo, tende piedade de nós!

Todos: Tende piedade de nós!

Dirigente: Oremos.

---

[1] KRIEGER, Murilo S. R. *Se eu tivesse uma câmera*. São Paulo, Paulinas, 2014, pp. 15-16.

Todos: Despertai, ó Deus, o vosso poder e socorrei-nos com a vossa força, para que vossa misericórdia apresse a salvação que nossos pecados retardam. Por nosso Senhor Jesus Cristo, vosso Filho, na unidade do Espírito Santo. Amém!

Para refletir

[Ao refletir sobre este encontro, procure responder em suas anotações: como aplicar a mensagem bíblica à situação do catequizando? Quais são os três passos propostos para se exercitar o querigma?]

"Não podemos deixar de falar sobre o que vimos e ouvimos" (At 4,20). Mais do que em outros tempos, a fé em Cristo Jesus precisa ser testemunhada e anunciada com destemor e convicção, pois a maioria das pessoas perdeu o referencial de fé. As pessoas esperam esta atitude de fé para poderem aderir a uma realidade que foi ofuscada pela mudança de época que atravessamos e pela excessiva preocupação de buscar a realização do ser humano longe de qualquer horizonte que possa cercear sua liberdade.[2]

A fé, muitas vezes, ficou reduzida ao horizonte das Igrejas, que, para sobreviver, propalam fundamentalismos radicais ou prometem o paraíso já nesta terra por meio de curas espetaculares, ganhos financeiros e reconstrução de uniões desfeitas.

Pessoalmente, você considera que é preciso professar a fé com clareza para as pessoas que convive e nos lugares que frequenta?

No pré-catecumenato, a fé e a conversão iniciais servem para amadurecer a vontade sincera de seguir a Cristo e pedir o Batismo. Esta fase[3] destina-se a motivar o candidato a mudar de vida e entrar em relação pessoal com Deus. É o tempo de evangelização, de anunciar o Deus vivo e Jesus Cristo, a fim de que os não cristãos creiam e se convertam ao Senhor. De um estilo quase informal das várias reuniões de caráter familiar do grupo dos simpatizantes, onde estes necessariamente não precisam

---

[2] Com a finalidade de mobilizar e capacitar a comunidade paroquial para o anúncio, conferir: NÚCLEO DE CATEQUESE PAULINAS. *Querigma*: a força do anúncio. São Paulo, Paulinas, 2014.

[3] Cf. RICA, nn. 7a, 9-13.

manifestar sua fé, dos gestos familiares e de acolhida, chega-se à celebração do rito de instituição dos catecúmenos. A pessoa é chamada a conhecer e a desejar viver com um sentido cristão, a aprender a conhecer a Cristo como aquele que "satisfaz e até supera infinitamente todas as suas expectativas espirituais".[4]

Acolhida

Ao consideramos a situação dos adultos afastados da fé que vêm a nossa comunidade para dar os primeiros passos de conversão e de experiência do amor e da misericórdia de Deus em suas vidas, avaliamos a importância da acolhida, das relações humanas calorosas e do acompanhamento pessoal que requer tal aproximação.

> Primeiramente, vamos partir do sentido de fé que já despontou em nosso coração, especialmente, por termos encontrado o Senhor nas situações mais difíceis que ele nos ajudou a atravessar. Com este sentimento de piedade e de devoção já latente, damos o passo seguinte para conhecer mais de perto a pessoa do Senhor e aceitá-lo definitivamente como o enviado por Deus Pai para a salvação do mundo.

Acolher o catequizando significa ter cuidado para ouvir suas motivações de fé, sua história de vida e seus problemas. Na verdade, a conversão de um adulto implica repassar as dimensões de toda a sua vida, o que requer tempo de escuta, acompanhamento, amizade, confiança e respeito por suas convicções e experiências, muitas vezes, sofridas.

Perceber a ação de Deus na vida é a arte de quem aprendeu a dialogar com ele. Hoje, abre-nos a grande tarefa de ajudar as pessoas a ler a manifestação de Deus em suas vidas; o que significa falar de Deus a partir do sofrimento e das inquietações humanas sempre em busca de superação. Trata-se de conferir o sentido da vida para além da dispersão do acúmulo de atividades e encontrar aquele que pode preencher o coração

---
[4] Cf. RICA, n. 9.

humano. Essa sensibilidade vai se aprimorando e se concretizando no confronto da revelação com os acontecimentos da vida, o que vai gerar, de fato, uma pessoa de fé.

Encontrar-se com as pessoas no estágio de vida que estão passando, desenvolver entranhas de misericórdia e de compaixão com a dor alheia, é o *primeiro passo* para ajudar as pessoas a realizarem a experiência de Deus em suas vidas. Tenhamos presente que primeiramente é o Senhor quem nos atrai. Sua graça precede nosso encontro com ele da forma mais diversa. "Essa foi a maravilhosa experiência daqueles primeiros discípulos que, encontrando Jesus, ficaram fascinados e cheios de assombro ante a excepcionalidade de quem lhes falava, diante da maneira como os tratava, coincidindo com a fome e sede de vida que havia em seus corações."[5]

Anúncio da Boa-Nova

> Eis *o segundo elemento do querigma*: *sentir-se acolhido pela ternura do abraço do Pai que supera qualquer barreira erguida pelo sofrimento e vence toda distância do preconceito ou discriminação.* Deus nos ama. Deus é amor. O coração do mistério de Deus nos foi revelado por Jesus, aquele que veio do Pai.

Em João 3,16-17 encontramos a demonstração da amplitude do amor divino dedicado à humanidade: "Deus amou tanto o mundo que deu o seu Filho único, para que todo aquele que nele crer não pereça, mas tenha a vida eterna. Pois Deus enviou o seu Filho ao mundo, não para condenar o mundo, mas para que o mundo seja salvo por ele".

É determinante encontrar-se com a pessoa de Jesus Cristo e conhecer a proposta totalmente nova que o Filho de Deus trouxe ao mundo. *A radical acolhida que o Senhor dá para nós estabelece um diálogo de confiança, amizade e crescimento.* "O *querigma* é trinitário. É o fogo do Espírito que se dá sob a forma de línguas e nos faz crer em Jesus Cristo,

---

[5] *Documento de Aparecida*, n. 244.

que, com a sua morte e ressurreição, nos revela e comunica a misericórdia infinita do Pai."[6]

"A centralidade do *querigma* requer que exprima o amor salvífico de Deus como prévio à obrigação moral e religiosa, que não imponha a verdade, mas faça apelo à liberdade, que seja pautado pela alegria, o estímulo, a vitalidade e uma integralidade harmoniosa."[7]

Não nos esqueçamos de valorizar as opiniões, experiências de vida, modos diferentes de entender a Palavra, sem querer impor uma forma única de compreender a doutrina ou a moral da Igreja. A atitude de diálogo e acolhida de opiniões garante a aceitação delas em seu estágio de reflexão e amadurecimento e lhes permitirá novos confrontos com a mensagem evangélica e eclesial.

Nunca assumir atitude de "professor", do tipo que sabe dar uma resposta simples e fácil. Por outro lado, é necessário que tenhamos uma rica experiência para partilhar. Tudo depende de como isso é colocado em comum. E não se pode esquecer de que ambas as partes têm riquezas a partilhar. É um mútuo crescimento que pode criar grandes laços de fraternidade.

> Ao ler o texto bíblico, o catequista ressaltará a ação salvadora de Deus em seu Filho e em favor do povo. A Palavra será proclamada de forma convicta como acontecimento salvífico atual e interpelante de conversão ao Reino em favor daquele que a escuta e decide aceitá-la. Pois é o Espírito Santo que torna eficaz o anúncio da Palavra.
> Há que aplicar a mensagem salvífica ao ouvinte de hoje, de tal forma que fique claro que somos herdeiros dessa promessa de graça. Sejamos diretos e convictos em anunciar o essencial da mensagem evangélica, que opera hoje a salvação de Deus em nosso meio em favor daquele que a acolhe, pois é o mesmo Espírito Santo que age ao longo de toda a história da salvação, sem depender diretamente de nossa santidade. A Palavra age, converte e produz o que pro-

---

[6] FRANCISCO I. Exortação Apostólica *Evangelii Gaudium*. São Paulo, Paulinas, 2014, n. 164.

[7] Ibid., n. 165.

mete. Essa eficácia, própria dela, nos autoriza a pregar sem medo de exageros. Claro que nosso testemunho confere credibilidade às nossas palavras. Mas, em primeiro lugar, a eficácia é da Palavra.

A culminação do diálogo de primeiro anúncio é o convite para entrar em contato direto com Jesus. Trata-se de estabelecer uma amizade com Jesus, dirigindo-se espontaneamente a ele. O evangelizador está permanentemente diante do desafio e da exigência de encontrar uma linguagem que, no estilo dos primeiros discípulos, interpele o ouvinte em seu coração, o entusiasme e o atraia a uma adesão firme e apaixonada a Jesus Cristo.

Conversão

"Eis que estou à porta e bato; se alguém ouvir minha voz e abrir a porta, eu entrarei na sua casa e tomaremos a refeição, eu com ele e ele comigo" (Ap 3,20). O primeiro anúncio fundamental da salvação em Cristo ressalta exatamente essa ação transformadora da graça em nosso favor. Diante da qual, caberá àquele que escuta: aceitar ou negar essa realidade.

A primazia do encontro com o Senhor, numa real experiência de fé, chega até à conversão. O terceiro momento busca a conversão inicial, por meio da qual a pessoa se sente chamada a afastar-se do pecado e a mergulhar no mistério do amor de Deus.[8] O princípio de conversão coincide com o desejo de mudar de vida e relacionar-se pessoalmente com Deus na oração.

Crer é entregar a própria vida, é abandonar-se nas mãos do Pai numa atitude de profunda, total e extrema confiança: "Pai, em tuas mãos entrego o meu espírito" (Lc 23,46). A fé comporta esse movimento de resposta à graça que o Senhor continuamente nos oferece.

---

[8] Cf. RICA, n. 10.

A *Parábola da semente* (Mt 13,1-23) nos ensina a ser a terra boa, macia e pronta para receber a semente da Palavra, o que mostra a necessidade da permanente atitude de escuta da Palavra e adesão à vontade do Senhor.

Vivência

O primeiro anúncio da fé anda de mãos dadas com outras três pastorais: *da visitação, da acolhida e da escuta*. Persiste o desafio de formar uma casa acolhedora com missionários que percorram lugares mais afastados e tragam as pessoas para ouvir o Evangelho pela primeira vez, o que envolve todos os agentes e abarca todos os setores da vida paroquial.[9]

O método querigmático passa primeiramente pela mudança de nossa mentalidade muitas vezes marcada pelo clericalismo ou pelo costume de esperar que as pessoas se acheguem à comunidade. Interiormente vamos desenvolver o gosto de anunciar a pessoa de Jesus, tomar iniciativas para torná-lo mais conhecido, e não perdermos nenhuma oportunidade para anunciar explicitamente o seu amor e cuidado de Bom Pastor.

Podemos anunciar o querigma a partir de nossa prática pastoral, catequética e litúrgica, e principalmente de tudo aquilo que já vivenciamos na comunidade, na oração e no confronto dos acontecimentos de nossa vida com a Palavra. Basta respeitar os passos de: acolher a pessoa, anunciar claramente Jesus Cristo que realiza suas promessas e suscitar a conversão para a vida nova. O exercício do primeiro anúncio nos torna mais sensíveis ao sofrimento das pessoas, alerta-nos para individualizar cada situação e personalizar as tratativas com cada um.

Não tenhamos receio de rezar para curar, abençoar, afastar o mal, reconciliar os inimigos, superar a dor, conseguir uma graça. Realizar gestos de cura com a imposição de mãos, de bênção com água benta, de procissão com velas acesas... Não é falso, de nossa parte, demonstrar que em Cristo somos agentes do consolo, da misericórdia, da esperança na força do Espírito Santo.

---

[9] Cf. CNBB. *Comunidade de comunidades*, nn. 261, 263, 267.

A catequese querigmática vai nos ajudar a ser mais testemunhais em nossa maneira de propor a fé. Sobretudo, se nós cremos e vivemos pela fé, "Não nos podemos calar sobre o que vimos e ouvimos" (At 4,20), ou, então, "O que contemplamos e o que as nossas mãos apalparam da Palavra da Vida – vida esta que se manifestou, que nós vimos e testemunhamos, vida eterna que a vós anunciamos" (1Jo 1,1-2).

Em grupos, vamos aprofundar as seguintes questões:

- Citar experiências bem-sucedidas de visitação.
- Como valorizar mais as pessoas na comunidade?
- Como tornar nossas comunidades mais acolhedoras?
- Como viabilizar o ministério do introdutor na catequese com adultos?
- Como ler o Evangelho de maneira querigmática?
- Sou uma pessoa de fé que crê realmente no Senhor Jesus, mesmo nos momentos duros da vida?
- O que o pré-catecumenato, tempo do primeiro anúncio, tem a ver com a missionariedade da paróquia?
- O que a proposta do acompanhamento personalizado no pré-catecumenato tem a dizer à acolhida na paróquia?

Celebração

[Ler o texto em grupos de quatro a cinco pessoas.]

Todas as vezes que proclamamos um texto da Sagrada Escritura, fazemos ecoar no tempo a ação salvadora de Deus. O que Jesus anuncia? O que ele é enquanto Filho de Deus e o que ele produz de transformação definitiva na história humana torna-se a Boa-Nova da qual somos anunciadores. Por isso, sua missão é levar indistintamente a todos essa nova realidade instaurada: "o Reino de Deus chegou". Oferecida pessoal e gratuitamente, a Boa-Nova constitui o maior tesouro que guardamos, o qual nem a morte é capaz de roubá-la, ao contrário, é o passaporte para vencermos o mal e alcançarmos a eternidade da plena comunhão com o Senhor.

Jesus na sinagoga de Nazaré, ao proclamar a profecia de Isaías 61,1; 29,18, diz claramente o que implica o anúncio da Boa-Nova: "O Espírito do Senhor está sobre mim, pois ele me ungiu, para anunciar a Boa-Nova aos pobres: enviou-me para proclamar a libertação aos presos e, aos cegos, a recuperação da vista; para dar liberdade aos oprimidos e proclamar um ano aceito da parte do Senhor" (Lc 4,18-19). A Boa-Nova é, justamente, essa série de ações que a tornam um acontecimento de graça na vida de quem a abraça. A plenitude humana requer a superação de toda cegueira e prisão que tolhem a liberdade e a capacidade de nos realizarmos com autonomia e dignidade.

Jesus, herdeiro dessa tradição, proclamou várias vezes que nele se cumpriam as promessas de Deus: "Hoje se cumpriu esta passagem da Escritura que acabastes de ouvir" (Lc 4,21). Igualmente seus milagres, exorcismos e bênçãos demonstram sua origem divina e a instauração de uma nova ordem, pois o Reino de Deus já chegou entre nós (cf. Mc 1,14).

[Pedir que um ou mais participantes relembrem situações-limite que lhes revelaram o sentido da presença de Deus e que com fé conseguiram superar tais situações.

Em seguida, proclamar: Rm 10,8-13 – *Todo aquele que confessar o nome do Senhor*. Depois, repetir as promessas de graça presentes no texto e frisar convictamente como esta graça acontece hoje em nossa vida.

Se houver tempo, repetir os mesmos passos em Mt 11,2-6 – *Os cegos recuperam a vista.*]

7 Método discipular I

A marca principal do catecumenato é promover o discipulado como exercício de aprendizagem no seguimento de Jesus, que durará toda a vida do cristão, assim como acontece com a amizade, que só aumenta com o passar dos anos.

Preparando o ambiente

Apresentar, em imagens ou figuras, cenas de pessoas ouvindo atentamente líderes atuais, ou grupos de pessoas ao redor de craques de futebol, cantores ou de pessoas midiáticas, com o poder de convocar e estabelecer padrões de comportamento.

Espiritualidade

Dirigente: Seguir. Seguir sempre adiante. Essa é a marca do caminheiro que peregrina em busca da verdade, do bem e do sentido da vida. A experiência da vida vai se confundindo com a revelação do Senhor. Fatos, dificuldades, realizações e uma teimosa esperança fazem o descobridor encontrar mais um pouco daquilo que o leva adiante.

Hoje em dia, a pluralidade nos impulsiona a sermos decididos cristãos, seguindo Jesus como discípulos: na escuta atenta da Palavra, no discernimento dos valores, na formação de convicções, no diálogo com o diferente e, sobretudo, no silêncio e na acolhida do mistério de Deus em nossa vida.

Eis o grande desafio da Igreja: suscitar discípulos do Mestre com atitude de quem escuta, acolhe e confia naquele que o leva pela mão por caminhos nunca pensados, mas plenos de verdade e de vida.

Os setenta e dois discípulos que Jesus formou conviveram com ele e questionaram suas vidas a partir dos ensinamentos dele e da maneira como agia. Também nossa vida será ocasião de rico confronto com a mensagem evangélica e com as convicções que norteiam nosso agir. Toda ela deverá ser um autêntico período de discipulado, de convivência íntima com o Mestre.

> [Organizar uma procissão encabeçada pela cruz e logo atrás o livro da Bíblia. Dirigir-se possivelmente para o presbitério de uma igreja, no qual os peregrinos fazem reverência diante do altar e o beijam. Cantar o canto processional: "O povo de Deus",[1] ou cantos de entrada da missa.]

Para refletir

A fé em Jesus está na origem e no caminho do seguimento, que acontece em meio a luzes e sombras. Todo relacionamento recíproco entre Jesus e seus discípulos se desenvolve no horizonte da fé nele como o Messias.[2]

A nossa experiência de fé, mesmo que pequenina, unida à da Igreja, tornar-se-á determinante para descobrirmos como ele se revela a nós. Queremos segui-lo a partir do sentimento de fé, de piedade e de devoção presente em nós para alcançar um contato mais direto e profundo com Jesus.

Para nos colocar a caminho como discípulos do Mestre, é bom fazermos uma distinção entre seguir Jesus e ter devoção a ele. Pense um pouco como é a pessoa devota. Descreva sua maneira de viver a fé. Vejamos o que é próprio do seguidor de Jesus Cristo.

Já é um bom sinal ter devoção a Jesus e conhecer um pouco do seu Evangelho. Esse é o início de um caminho que parte do seu chama-

---

[1] Op. cit.
[2] Para maior aprofundamento do tema: NUCAP. *Discipulado*: da multidão ao seguimento. São Paulo, Paulinas, 2015.

do: "Vem e segue-me" (Mt 19,21c). Com esse convite, Jesus dá o primeiro passo para que possa acontecer o encontro com ele. Ele chama com autoridade e sem dar nenhuma explicação (cf. Mc 1,16-20; Mt 4,18; Jo 1,35-43).

A maneira mais eficaz de nos tornarmos discípulos é responder a este chamado, aceitar o convite para ser seu amigo e abrir-lhe o coração com confiança. A amizade com o Senhor não defrauda ninguém. Ser cristão não é simplesmente aprender e aceitar uma doutrina, ser fiel a determinadas normas, observar algumas leis; aspectos sem dúvida importantes. É uma decisão urgente para saber quem somos, qual é nosso projeto de vida e onde vamos buscar forças para lutar.

A celebração de entrada no catecumenato com a assinalação da cruz, a entrada na Igreja, a celebração da Palavra e a entrega do livro do Evangelho marcam o início da vida de fé na comunidade.[3]

Catecumenato

O RICA compreende a iniciação em função do itinerário espiritual dos adultos, a ser percorrido ultrapassando etapas, e tem a conversão como princípio de seguimento. O tempo específico do catecumenato é concebido como um período de discipulado, de aprendizado da prática de Jesus, para que haja uma conversão progressiva às atitudes e aos valores do Reino.
Assim como os discípulos conviveram com Jesus, aprenderam seus ensinamentos, e caminharam por longas estradas junto ao Mestre, ouvindo-o e aprendendo a encontrar o povo, o catequizando, durante as várias etapas da catequese, viverá um período de autêntico discipulado.

No RICA, no tempo do catecumenato, o mais longo deles, ocorre a catequese integral da história da salvação e do Creio, as celebrações da Palavra, os exorcismos menores e as bênçãos, e a entrega do Creio e do

---

[3] Cf. RICA, nn, 76, 131, 374.3-4.

Pai-Nosso. Estas celebrações, acompanhadas das catequeses bíblicas, e mais a celebração de inscrição do nome promoverão a transformação da mentalidade, das atitudes, para adquirir os sentimentos e o modo de ver o mundo segundo o coração de Jesus.

A pedagogia catecumenal concebida como formação integral exerce grande papel para o catequizando adquirir o novo critério de vida. Esta pedagogia se estenderá como princípio de formação da fé em todas as idades.

Cabe a nós, movidos pela força do Espírito Santo, permanecer com o Senhor para conhecer o mistério de sua pessoa. "Essa foi a maravilhosa experiência daqueles primeiros discípulos que, encontrando Jesus, ficaram fascinados e cheios de assombro ante a excepcionalidade de quem lhes falava, diante da maneira como os tratava, coincidindo com a fome e sede de vida que havia em seus corações."[4] O Mestre Jesus exerce sobre o discípulo tal poder de atração que se torna irresistível! O apóstolo Paulo dirá que foi "agarrado" por Jesus Cristo (cf. Fl 3,12).

O RICA atribui à ação do Espírito Santo a concreta realização do itinerário de maturação integral da fé. A conversão e a configuração em Cristo têm relação com a ação do Espírito Santo, considerado como aquele que torna o candidato disponível para acolher o anúncio e assimilar pessoalmente o Evangelho.[5] O candidato deverá pôr em ação o seu coração, sua inteligência e sua maneira de viver.

Vivência

O seguimento de Jesus será esta resposta construída diariamente, mediante o sim que dizemos nas situações nas quais enxergamos o apelo da vontade do Pai para acolher o Reino e promover a vida em plenitude.

Nossos hábitos e valores não mudam do dia para a noite. O que importa mesmo é amadurecer a fé, com critérios e juízos capazes de dar pleno sentido à vida, muito além do mero consumismo ou do sucesso vazio que a sociedade apregoa.

---

[4] *Documento de Aparecida*, n. 244.
[5] RICA, nn. 1, 4, 9.

Junto com outro catequista, elencar alguns elementos concretos da prática de Jesus que nos fazem ter uma postura diferenciada na sociedade.

Celebração

[Propor a leitura do texto abaixo com a seguinte indagação: por que a celebração de entrada no catecumenato inclui a assinalação? Por que assinalar a testa e os sentidos com a cruz?]

Um grande obstáculo para o seguimento de Jesus é a cruz. Desde o início de seu ministério público, Jesus realiza sinais indicando que em sua pessoa o Reino se faz presente. Porém, ele se identifica com o Messias-Servo que se doa livremente, e não com o esperado, com o messias político que viria instaurar o poder de Israel sobre o mundo.

Se as atitudes libertadoras que assumiu em seu ministério já provocavam as autoridades religiosas e despertavam o ciúme de Herodes, o não reconhecimento do Messias-Servo e Filho de Deus foi o motivo central de sua condenação.

Em todos os tempos, compreender a sabedoria da cruz ou a sua loucura, como desfecho de uma vida entregue de Jesus, é o maior desafio com que o discípulo de Jesus vai se deparar. Amar, mas ao preço de suar sangue, escandaliza quem a princípio se encantou com o chamado e se propôs a viver com ele.

Existe uma consequência imediata e necessária do anúncio da paixão para o discipulado. Já que o Mestre deve ir a Jerusalém para sofrer, então aquele que quiser acompanhá-lo deve negar a si mesmo, tomar sua cruz e segui-lo (cf. Mt 16,24; 10,38-39). Os seus seguidores são convidados a entrar na mesma dinâmica e acompanhá-lo no sofrimento redentor, visando, sem dúvida, participar também de sua glorificação.

A cruz torna-se o crivo da aceitação corajosa de estar em comunhão com ele a ponto de doar a vida, acreditando na vitória, no amor e na Palavra dele. Sem fugir do sofrimento, das contrariedades e, sobretudo, da entrega da própria vida em suas mãos.

Por isso, encontrar-se com o Senhor, mesmo tendo a perseguição e a cruz diante dos olhos, leva a nos sentirmos atraídos por seu amor que não decepciona nem atraiçoa quem dele experimenta. No caminho de Jesus, a cruz é o desenlace do seu amor sem precedentes, levado até o fim (cf. Jo 13,1).

O catequizando que pede para ser colocado sob o senhorio de Cristo é posto em contato com sua cruz salvífica. Esse é o sinal com o qual o catecúmeno deverá aprofundar a escolha de Cristo Senhor para entrar na Igreja com o sacramento do renascimento batismal; é marcado pela vitória de Cristo e deve empenhar-se, assim, em conhecê-lo e viver com ele para adquirir a verdadeira sabedoria cristã, que é a da cruz (cf. 1Cor 1,18.24; 2,2).

Na *Celebração de entrada no catecumenato* acontecem os diálogos introdutórios ao catecumenato, a assinalação da cruz, a entrega do crucifixo e do livro da Palavra de Deus, conforme o *Ritual de Iniciação Cristã de Adultos*, nn. 68-97. Adaptamos o trecho da assinalação da cruz. Essa celebração, contemplando a liturgia da Palavra, poderá ser realizada no início da catequese eucarística ou então da crisma.

Assinalação da cruz

[Os catequistas se distribuem em duplas, um de frente para o outro, e, após a fórmula ser dita por quem preside, fazem o gesto da assinalação um no outro.]

Dirigente: Receba na fronte o sinal da cruz; o próprio Cristo protege você com o sinal de seu amor. Aprenda a conhecê-lo e segui-lo.

[Ao assinalar os ouvidos:]

Dirigente: Recebam nos ouvidos o sinal da cruz, para que vocês ouçam a voz do Senhor.

[Ao assinalar os olhos:]

Dirigente: Recebam nos olhos o sinal da cruz, para que vocês vejam a glória de Deus.

[Ao assinalar a boca:]

Dirigente: Recebam na boca o sinal da cruz, para que vocês respondam à Palavra de Deus.

[Ao assinalar o peito:]

Dirigente: Recebam no peito o sinal da cruz, para que Cristo habite pela fé em seus corações.

[Ao assinalar os ombros:]

Dirigente: Recebam nos ombros o sinal da cruz, para que vocês carreguem o jugo suave de Cristo.

[O dirigente, sem tocar nos catecúmenos, faz o sinal da cruz sobre todos ao mesmo tempo, dizendo:]

Dirigente: Eu marco vocês com o sinal da cruz: em nome do Pai e do Filho e do Espírito Santo, para que vocês tenham a vida eterna.

Todos: Amém.

Dirigente: Oremos.

Deus todo-poderoso, que pela cruz e Ressurreição de vosso Filho destes a vida ao vosso povo, concedei que estes vossos servos e servas, marcados com o sinal da cruz, seguindo os passos de Cristo, conservem em sua vida a graça da vitória da cruz e a manifestem por palavras e gestos. Por Cristo, nosso Senhor.

Todos: Amém.

Pai nosso...

Todos: Ó Senhor Jesus, divino companheiro nas estradas da vida.

Tu conheces minhas tristezas e preocupações.

Tu sabes das minhas dúvidas e dificuldades.

Muitas vezes tenho os olhos fechados e o coração, também.

Nem sempre estou aberto a acolher os outros

E me escondo nas trevas do meu isolamento.

Mas eu te peço: Caminha comigo! Vem a mim! Eu quero caminhar contigo!

Mesmo que eu não compreenda todo amor que tu tens por mim, fica comigo!

Explica-me as Escrituras e aquece meu coração, tantas vezes gelado pelo cotidiano.

Reparte o teu pão comigo e ensina-me a viver em comunidade.

Se a noite chegar, fica comigo. Se tu vais embora, a treva dominará minha vida.

Se tu permaneces, Senhor, a noite não virá. Como os discípulos de Emaús, eu suplico:

Renova meu coração, ensina-me as palavras de vida eterna.

Reparte o pão do teu corpo dado por nós.

Aquece com teu calor a minha vida.

Enfim, torna-me caminheiro das estradas que anunciam o teu amor! Amém.

8 Método discipular II

Ser discípulo é seguir uma pessoa que nos atrai a si e conquista nosso coração. É responder ao seu chamado e colocar-se a caminho, seguindo seus passos com fé e compromisso.

Preparando o ambiente

Preparar o local evocando a passagem de Emaús, conforme solicitará a celebração no final deste encontro.

Espiritualidade

Leitor: Marcos 7,31-37 recorda Jesus que cura um surdo-mudo, arrancando das pessoas presentes um vivo louvor de glória a Deus pelas suas obras maravilhosas. É comovente constatar que se trata de pagãos, os quais festejam o cumprimento em Jesus de um encorajador oráculo do profeta Isaías (35,6-6). A origem do rito do *Éfeta* ligada ao Batismo vem desde a antiguidade. É um convite a escutar a Palavra de Deus (cf. Is 50,4-5), dom do Senhor que solicita continuamente a resposta da Aliança.

O homem surdo é, simbolicamente, o discípulo de Jesus que "tem ouvidos para ouvir, mas não ouve" (Mc 4,12). É Jesus quem abre seus ouvidos, tornando-o capaz de ouvir e de falar corretamente. A abertura da boca habilita o cristão à conversa filial com Deus Pai e à profissão de fé: "Se confessares com tua boca que Jesus é Senhor e creres com teu coração que Deus o ressuscitou dentre os mortos, serás salvo" (Rm 10,9). Aqui se aprofundam as raízes do ministério do catequista.

> [A celebração inicia-se de modo habitual, com o sinal da cruz e a saudação do dirigente.]

Dirigente: Oremos.

Pai amado e todo-poderoso, vós quereis restaurar todas as coisas em Cristo e atraís toda a humanidade para ele. Guiai vossos filhos e concedei que, fiéis à sua vocação, possam integrar-se e participar plenamente no Reino de vosso Filho e ser assinalados com o Espírito Santo, o vosso dom. Por Cristo, nosso Senhor.

Todos: Amém.

> [Canto de aclamação.]

Leitor 1: O Senhor esteja convosco!

Todos: Ele está no meio de nós.

Leitor: Proclamação do Evangelho de Jesus Cristo segundo Marcos 7,31-37 – *A cura do surdo-mudo*.

Todos: Glória a vós, Senhor!

Dirigente: O Evangelho está cheio de cegos, de surdos, de mudos. Eles sofrem terrivelmente com a solidão. Não conseguem se comunicar. Jesus toca nesses irmãos marginalizados e diz: "Éfeta", que quer dizer: "Abre-te" (Mc 7,34). Ele continua também hoje a gritar o seu "Éfeta" a tanta gente que não enxerga, não ouve, não fala. E muitas vezes não enxerga a beleza de Deus, não ouve a Palavra de Deus, não fala a língua de Deus. Vamos assinalar a boca e os ouvidos com o sinal da cruz para que sejamos bons ouvintes e anunciadores da Palavra, lembrando o gesto de Jesus que tocou o surdo-mudo.

> [A seguir, o dirigente toca com o polegar os ouvidos e os lábios de cada catequista e diz:]

Dirigente: "Éfeta", isto é, abre-te, a fim de proclamares o que ouviste para louvor e glória de Deus.

> [Em seguida, podem ser feitas preces espontâneas pelo grupo e a oração do Pai-Nosso, e quem preside dá a bênção final.]

Para refletir

[Elencar as características próprias do tempo do catecumenato e compará-las com as características do discipulado estendido a toda forma de catequese.]

O discipulado consiste em adquirir um modo de ser e de viver consoante ao de Jesus. É preciso escutá-lo, viver em comunidade e cumprir o mandamento fundamental: amar a Deus e ao próximo. Escutar Cristo significa, primordialmente, compreender o Evangelho e acolhê-lo na fé, confiando em sua sabedoria e aderindo a ele inteiramente, entregando-lhe, cada dia, nossa vida. O catecumenato é o período mais longo, no qual se colocam os fundamentos do edifício da vida cristã. O conteúdo catequético conserva sua importância desde que integrado num contexto mais amplo do seguimento a Cristo. No centro da iniciação à vida cristã está uma Pessoa e não uma doutrina.

O discipulado suscita a intimidade da amizade com o Senhor para nos levar à revelação da presença do Reino já agora. Assim como os discípulos conviveram com o Mestre e começaram a entender o mundo com o olhar dele, vamos refazer a mesma trajetória de descoberta para, em comunhão com Jesus, acolhermos o Reino e vivermos de maneira nova. Essa será a nossa grande transformação.

Discipulado evoca a imagem do caminho a ser percorrido, como também de tempo para acontecer a transformação da mentalidade, das atitudes, para adquirir os sentimentos e o modo de ver o mundo segundo o coração de Jesus. Nossos hábitos e valores não mudam do dia para a noite. Só com o tempo passamos a ver as coisas de outra maneira.

Qual é o teor da prática de Jesus junto aos seus discípulos, capaz de criar tanta divergência com o mundo? Seu ensinamento supera a justificação pela prática da Lei; as parábolas demonstram que o Reino inaugura uma nova maneira de as pessoas se relacionarem. Os sinais que realiza comprovam a nova realidade: "Eu vim para que todos tenham vida" (Jo 10,10). No entanto, faltará a prova final dos discípulos: subir com o Mestre para Jerusalém para celebrar a Páscoa – eis o ensinamento central e definitivo.

A relação mestre-discípulo não se limitará ao fato de ensinar e aprender uma doutrina, mas é uma comunhão vital com Jesus e se traduz na obediência incondicional à sua palavra. Os seguidores de Jesus participam de sua vida, de suas atividades, particularmente do anúncio do Reino. Nesse sentido, nosso amor por Jesus deverá ir além do sentimento de adoração, piedade e de confiança numa cura ou milagre que precisamos muito, mas se traduzirá na postura decidida em favor da verdade, da justiça e da solidariedade, sem conluios com a corrupção ou o benefício próprio em detrimento dos demais...

É preciso escutá-lo, viver em comunidade e cumprir o duplo mandamento fundamental: amar a Deus e ao próximo. Escutar Cristo significa, primordialmente, compreender o Evangelho e acolhê-lo na fé, confiando em sua sabedoria e aderindo inteiramente a ele.

> Não se trata de repetir mecanicamente o que Jesus fez, pois ele viveu num contexto diferente do nosso. Trata-se de perguntar-se, a cada momento, o que Jesus faria se estivesse em meu lugar, hoje? Para responder a esta pergunta, é necessário conhecer o que Jesus fez e ensinou! O seguidor deve *reproduzir* a estrutura fundamental da vida de Jesus: encarnação, missão, cruz e ressurreição, e, ao mesmo tempo, *atualizá-la*, inspirado e animado pelo Espírito de Jesus e de acordo com as exigências do contexto em que vive.[1]

Pedagogia do discipulado

O catecumenato, como processo de amadurecimento, considera os catequizandos protagonistas e agentes de sua educação; ajuda a descobrir quem são e colabora para que estabeleçam critérios pessoais para enfrentar a vida e dar respostas originais aos desafios que ela apresenta.

A pedagogia dos encontros buscará criar laços, valorizar a experiência de vida de cada um e levar o catequizando a discernir as situações à

---

[1] BOMBONATTO, Vera Ivanise. Discípulos missionários hoje: catequese, caminho para o discipulado. In: CNBB. *3ª Semana Brasileira de Catequese*. Brasília, Edições CNBB, 2010, p. 171-172.

luz da fé. Isto se realiza por meio do aprofundamento da fé com a Palavra e do confronto com as situações da vida; a liturgia passa a ser o lugar do encontro vivificante com o Senhor, o seu Espírito e o Pai. Naturalmente, tudo deve confluir para uma vivência cada vez mais evangélica.

É fundamental que os catequizandos se coloquem como sujeitos, isto é, que tenham oportunidade e confiança de expor suas experiências, sentimentos e dúvidas. Neste método, a perspicácia da equipe animadora é fundamental para harmonizar o conteúdo programado, as reações do grupo, o tempo para a oração e o gesto concreto.

O respeito à individualidade, um princípio fundamental da pedagogia moderna, é assumido também pelo catecumenato. Cada um deverá ser respeitado como é. Não deve ser julgado, mas sim tratado como pessoa que tem direito a sua própria autonomia. Ele deve sentir-se livre durante todo o processo educativo.

Em se tratando de jovens, a catequese crismal igualmente não tem medo de construir a liberdade deles e, com eles, concebe-a como processo de conquista em que Deus é a garantia da vitória contra toda escravidão deste mundo. Se no Antigo Testamento aconteceram maravilhas, no Novo Testamento a Páscoa de Jesus é a certeza plena da Ressurreição e do início da vida em plenitude já neste mundo. Na fidelidade à pedagogia interior do coração, a catequese procura a síntese entre o conhecimento intelectual e a experiência amorosa da vida em Deus. A catequese deve ajudar o jovem a perceber a vida como uma grande experiência de Deus.

Os diálogos de Jesus são marcados pela atenção e respeito às pessoas. Com essa pedagogia, ele foi abrindo caminhos para Zaqueu, os discípulos de Emaús, a mulher samaritana, Pedro e os demais apóstolos... O modo de ser e de atuar de Jesus é o mais claro referencial na atuação do catequista junto aos catequizandos. O Mestre foi fiel ao Pai e dócil ao Espírito. O modo de Jesus agir aponta as atitudes que deverão ser cultivadas no tempo catecumenal e o que é fundamental.

Vivência

Ao ser ressuscitado, Jesus derrama o seu Espírito sobre os discípulos de todos os tempos e os envia para anunciar o Reino a todo canto da terra. O transcurso de nossa vida cristã é o tempo do discipulado, no qual vivemos da graça inicial do Batismo, quando fomos definitivamente configurados em sua morte e ressurreição e chamados ao seu seguimento.

Os três sacramentos da iniciação cristã selam tal realidade e requerem de nossa parte a resposta de adesão ao dom da filiação divina com uma vida segundo o coração e os ensinamentos de Jesus. De agora em diante, o testemunho pessoal de adesão ao Mestre e a vida nova a que seu caminho nos leva constituem a nova etapa que se abre como projeto de realização da vida cristã. Portanto, mais que assimilar verdades, trata-se de adquirir um novo jeito de agir e de pensar conforme a pessoa e a missão do Mestre.

O aprendizado proposto no catecumenato é um treinamento de discipulado que deverá ser permanente na vida cristã. Jesus Cristo sempre será nosso Mestre, e nós sempre seremos discípulos. Por isso, a metodologia do discipulado diz respeito a toda a paróquia centrada no seguimento de Cristo, apta para desenvolver a prática de Jesus. Daí surge a opção pelos círculos bíblicos, os cursos de teologia paroquiais e a capacitação dos agentes para lerem a Bíblia, particularmente o Evangelho, a partir dos acontecimentos da vida. Aptos a distinguir os traços próprios do seguimento: encontro com Cristo, justiça da lei, acolhida do Reino, ensinamentos do Reino, entrega na cruz...

Vale a pena refletir: o que a intensa formação espiritual, humana, bíblica presente nesta etapa diz à formação permanente na paróquia?

Celebração

Dirigente: No Evangelho segundo Lucas 24,13-35, encontramos a passagem exemplar de Jesus com os discípulos de Emaús.

Lucas escreve nos anos 80 para as comunidades da Grécia que na sua maioria era de pagãos convertidos. Os anos 60 e 70 tinham sido muito difíceis. Houve a grande perseguição de Nero em 64. Seis anos depois, em 70, Jerusalém foi totalmente destruída pelos romanos [...]. Nesses anos todos, os apóstolos, testemunhas da ressurreição, foram desaparecendo. O cansaço ia tomando conta da caminhada. Onde encontrar força e coragem para não desanimar? [...] Lucas quer ensinar as comunidades como interpretar a Escritura para poder redescobrir a presença de Jesus na vida.[2]

Esta passagem é modelo de um caminho de transformação.

Jesus toma a iniciativa de caminhar

Leitor 1: O Senhor esteja convosco!

Todos: Ele está no meio de nós.

Leitor 1: Proclamação do Evangelho de Jesus Cristo segundo Lucas 24,13-24.

Todos: Glória a vós, Senhor.

[Os participantes caminham em duplas, enquanto leem o texto abaixo e refletem sobre as situações desalentadoras de hoje, que fazem os cristãos não reconhecerem a presença do Reino.]

No caminho de Jerusalém para Emaús, dois discípulos falam da tristeza que lhes invade e da saudade que têm dos dias em que Jesus de Nazaré percorria a Palestina falando de amor, perdão e do Reino de Deus. Mas agora Jesus está crucificado. Morreu. E com essa morte sepultam-se as esperanças de dias melhores. É o fim do tempo novo de que Jesus falava. Tudo está terminado.

Enquanto lamentam, alguém se aproxima deles. É Jesus Ressuscitado, mas eles não conseguem reconhecê-lo. Quando não se espera encontrar alguém é difícil reconhecê-lo. Eles sabiam da morte de Jesus, jamais poderiam imaginar que caminhasse com eles.

Aos caminheiros de Emaús, Jesus aparece como um companheiro de viagem, entra na conversa e toma parte da vida deles. Aquece o coração com palavras. Caminha com eles! Caminhar significa andar com eles, não explicar tudo, mas permanecer junto, trilhar a mesma estrada. Chegar ao mesmo destino. Cristo não desiste deles, apesar de serem cegos para a verdade e lentos para compreender.

---

[2] MESTERS, Carlos. *A aparição de Jesus aos discípulos de Emaús*. Disponível em: <http://liturgiadiariacomentada2.blogspot.com.br/2014/04/a-aparicao-de-jesus-aos--discipulos-de.html>. Acesso em: 07/05/2015.

Este é um grande sinal: Jesus caminha conosco porque nos ama, apesar de todas as fraquezas que temos.

Quando Jesus pergunta aos caminhantes de Emaús sobre o que conversam, eles secamente respondem: "És tu o único peregrino em Jerusalém que não sabe o que lá aconteceu nesses dias?" (v. 18).

Isso revela que a descrença e a dor tomaram conta do coração deles e tornaram-nos incapazes de pensar em outra coisa. Os caminhantes haviam se fechado dentro do limite daquilo que estavam passando, não percebiam mais nada ao redor.

Sua descrença era tão grande que nem acreditaram no testemunho das mulheres que foram ao túmulo e ouviram anjos dizer que Jesus estava vivo. Nem mesmo ao testemunho de Pedro e João deram crédito. Esses caminhantes de Emaús estavam tão machucados em suas esperanças que nada parecia recuperar o sentido da vida. Apenas caminhavam para longe de todos os acontecimentos (estavam saindo de Jerusalém).

Discípulos com olhos abertos

Leitor 2: O Senhor esteja convosco!

Todos: Ele está no meio de nós.

Leitor 2: Proclamação do Evangelho de Jesus Cristo segundo Lucas 24,25-31.

Todos: Glória a vós, Senhor.

> [Diante de uma mesa preparada com pão ao centro, lê-se o texto abaixo, o grupo reza espontaneamente e depois se parte e se distribui o pão.]

Jesus fala aos viajantes recordando as Escrituras e refere-se ao grande plano de amor e de salvação que Deus preparou para toda a humanidade. Falou-lhes das profecias e lhes aqueceu o coração com palavras que ajudavam a compreender a realidade de forma mais ampla do que aquela que eles entendiam. Mas os discípulos ainda não compreendiam. Faltava-lhes o Espírito Santo, que permite acolher a presença do Ressuscitado no meio de nossa história.

Jesus explica as Escrituras, isto é, faz a leitura da vida à luz da fé. Mostra como a Palavra Sagrada já apontava para todos estes fatos que parecem ser a derrota de Cristo em Jerusalém, mas é, na verdade, a realização plena da salvação anunciada desde os profetas.

A presença de Jesus na viagem de Emaús aquece o coração dos discípulos. Ele aparece discreto, não se apresenta. Humildemente vai conversando e mostrando outra forma de entender os fatos.

Jesus nunca se apresenta de forma assustadora ou majestosa. Ele vem na simplicidade, na infinita humildade de um Deus que ama sem limites.

Na partilha do pão, Jesus é reconhecido. Nessa atitude simples, o Ressuscitado revela seu poder. Na fração do pão (primeiro nome dado pelos cristãos à Eucaristia), Jesus se dá a conhecer. Não precisa falar nada. Os olhos dos discípulos se abriram diante da ceia e a vida deles mudou.

Partilhar o pão é a missão da Igreja, dos seguidores de Jesus. Partilhar o pão da Palavra que sacia o coração humano que tem sede do Deus vivo. Partilhar o pão da Eucaristia, sinal sacramental da presença real de Cristo na sua Igreja. Partilhar o pão com os pobres, cuidar dos esquecidos, é sinal vivo da fé que provoca comunhão com os pequenos e excluídos. Na partilha do pão se reconhecem os seguidores de Jesus Ressuscitado.

Vai-se o medo

Leitor 3: O Senhor esteja convosco!

Todos: Ele está no meio de nós.

Leitor 3: Proclamação do Evangelho de Jesus Cristo segundo Lucas 24,32-34.

Todos: Glória a vós, Senhor.
> [Em outro local, se possível próximo à saída, lê-se o texto a seguir e os participantes intervêm indicando situações de testemunho e de anúncio.]

Após reconhecerem o Senhor, pois seus olhos se abriram para a verdade, empreenderam o caminho de volta a Jerusalém, anunciaram e testemunharam o Senhor Ressuscitado.

Compreender a vida cristã como discipulado significa seguir com Jesus Cristo pela vida afora, refazendo a mesma trajetória desses discípulos. Esta passagem descreve bem aquilo que a comunidade do evangelista Lucas enfrentou: "E agora que ele morreu, onde iremos encontrá-lo?". A mesma comunidade achou a resposta quando se reuniu para celebrar a Eucaristia, pois sentia a força de sua presença junto dela. E para enfrentar as perseguições e vencer o desânimo, tinha claro que era o Senhor mesmo quem proclamava as Escrituras e possibilitava à comunidade refazer os passos do povo de Deus – desde Moisés e os profetas –, tal como os dois discípulos o reconheceram: "Não estava ardendo o nosso coração quando ele nos falava pelo caminho e nos explicava as Escrituras?" (v. 32).

9 Método mistagógico I

A catequese dos ritos litúrgicos, mistagogia, revela nossa transformação interior pela graça de Deus, que se dá pela fé na celebração dos sinais que visibilizam a Palavra de Deus.

Preparando o ambiente

Preparar um ambiente celebrativo e acolhedor em que se possa sentar em círculo, à meia-luz, tendo ao centro um ambão (ou suporte) com o lecionário ou a Bíblia, vela acesa, flores, pães (suficiente para todos os participantes), vinho, óleo, cruz... Este material será empregado na celebração, no final deste encontro.

Espiritualidade

Leitor 1: A Palavra de Deus narra a história da salvação, da qual participamos quando a celebramos com fé. Jesus participava ativamente da oração comunitária de sua gente. Na sinagoga de Nazaré, ele tomou nas mãos o rolo e proclamou a profecia de Isaías: "O Espírito do Senhor está sobre mim, pois ele me ungiu, para anunciar a Boa-Nova aos pobres: enviou-me para proclamar a libertação aos presos". Depois enrolou o livro, deu-o ao servente e concluiu: "Hoje se cumpriu esta passagem da Escritura que acabastes de ouvir" (Lc 4,18.21).

Todos (cantando): Vem, Senhor. Vem nos salvar. Com teu povo, vem caminhar!

Leitor 2: Pela força do Espírito Santo, a Palavra realiza com eficácia o que foi proclamado em toda celebração. Assim, como aconteceu na sinagoga de Nazaré, tudo o que acontece na liturgia é presente: "Hoje se cumpre...". O centro da história da salvação é a vinda de Jesus em nosso meio, e a Páscoa do Senhor constitui o mistério-síntese de toda celebração. Sempre celebramos nossa vida, que se configura progressivamente na Páscoa do Senhor.

Todos (cantando): Vem, Senhor. Vem nos salvar. Com teu povo, vem caminhar!

Dirigente: A Páscoa do Senhor é o mistério de sua vida doada até o fim! A memória do seu sacrifício na cruz nos fortalece para enfrentarmos os desafios. A comunhão com seu sacrifício na Eucaristia é a forma de nos unirmos a ele durante toda a nossa existência.

Leitor 1: O Senhor esteja convosco!

Todos: Ele está no meio de nós.

Leitor 1: Proclamação do Evangelho de Jesus Cristo segundo Marcos 6,34-44 – *Milagre dos pães*.

Todos: Glória a vós, Senhor!

> [Na altura do versículo 38, um catequista se aproxima com uma bandeja contendo cinco pães.]

Dirigente: Jesus é o único bem necessário para nossas vidas. Assim, como não podemos viver sem nos alimentar, também não podemos viver sem o Senhor! Em cada celebração eucarística o Senhor vem a nós e nos sacia com sua graça. Ele é o bom pastor que prepara a mesa à frente do inimigo e atravessa conosco o vale da morte.

Todos (cantando): Vem, Senhor. Vem nos salvar. Com teu povo, vem caminhar!

> [Os pães que estão guardados neste momento são oferecidos a todos os participantes para que comam juntos. Conclui-se esta etapa com o Pai-Nosso e a bênção final.]

Para refletir

[Inicialmente, o grupo aprofunda a importância de unir a liturgia com a catequese, pois se trata do mesmo mistério de fé, ora anunciado, ora celebrado para ser vivido.]

A catequese, como já ocorria nos primórdios da Igreja, deve tornar-se um caminho que introduza o cristão na vida litúrgica, ou melhor, no mistério de Cristo, "procedendo do visível ao invisível, do sinal ao significado, dos sacramentos aos mistérios",[1] sempre com o mesmo objetivo de levar à vivência da fé. "A liturgia, com seu conjunto de sinais, palavras, ritos, em seus diversos significados, requer da catequese uma iniciação gradativa e perseverante para ser compreendida e vivenciada."[2]

O mistério de Deus sempre nos surpreende e supera nossa compreensão. Mesmo assim, estabelecemos um diálogo pelo qual nos sentimos tocados pela graça e pela certeza de sua presença junto de nós, particularmente nos momentos mais difíceis da vida.

O catequista mistagogo é aquele que faz a experiência de Deus, professa a fé no cotidiano e discerne a experiência de fé de seus catequizandos nos sinais que revelam a presença de Deus nos acontecimentos da vida, na história da salvação e, maximamente, nos ritos celebrados na liturgia.

A prática da mistagogia requer o esforço do catequista de conhecer a liturgia, não apenas em seu aspecto externo, no sentido de como fazer isto ou aquilo. Há que conhecer o sentido teológico da liturgia, isto é, o sentido com que a Igreja celebra hoje o memorial da Salvação para a comunidade reunida. Dessa forma, há que adquirir a noção de memorial, celebração como acontecimento histórico-salvífico, sacerdócio comum, participação, assembleia, oração eucarística, Eucaristia como sacrifício...[3]

Se o catequizando não for iniciado na vivência dos ritos celebrados, permanecerá como um estrangeiro ao participar da liturgia. Como ele vai

---

[1] *Catecismo da Igreja Católica*, n. 1075.
[2] CNBB. *Diretório nacional de catequese*, n. 120.
[3] Para aprofundar, consultar: NUCAP. *Iniciação à liturgia*. São Paulo, Paulinas, 2013.

acolher o mistério de graça e de salvação, se tudo lhe parece tão simples, pobre e humano? A fé que revela a passagem de Deus na celebração vem pela catequese.

A catequese dos ritos litúrgicos nos introduz diretamente no mistério, por isso é chamada de mistagogia. Ela nos faz perceber a comunicação da graça de Deus que acontece numa oração pautada pela proclamação da Palavra, unida aos sinais que a visibilizam, para proporcionar nossa participação nos atos salvadores de Cristo e nossa transformação interior.

> Portanto, para fazer mistagogia é necessário: empregar o símbolo litúrgico, anunciar a Palavra, invocar o Espírito Santo e acreditar na graça comunicada na celebração.

Os símbolos fundamentais da liturgia: água, luz, pão, sopro, óleo, constituem uma reserva de mistério alusivo à Páscoa, os quais sempre questionarão o ser humano e aguçarão sua capacidade de transcender e de explorar o mundo. Deus se revela a nós, se dá a conhecer em nosso tempo. Durante a celebração unimos o presente ao passado e ao futuro. O acontecimento da Páscoa não conhece fronteiras históricas, está permanentemente presente e será pleno quando chegarmos à Jerusalém Celeste.

Assim como as coisas comuns nos envolvem e nos dizem mais do que aparentemente mostram, a liturgia nos ensina a descobrir o mistério pascal de Cristo presente no mundo através de nossos cinco sentidos. Aquilo que os ouvidos ouvem, os olhos veem, as mãos tocam, o olfato sente, o paladar degusta, eis o lugar da experiência de Deus por meio dos símbolos que o tornam presente.

A fé vai além daquilo que nossos pobres sentidos percebem diante dos sinais. Ela nos eleva para os horizontes do Reino, para o que é definitivo e essencial para a nossa realização humana. Colocar-nos humildemente como pessoa de fé, necessitada da graça, é o passo decisivo para nos aproximarmos com proveito do mistério do Senhor revelado nos ritos litúrgicos.

Os quatro passos para fazer mistagogia

[Sensibilizar o catequista para a prática celebrativa, a fim de que reconheça no sinal ritualizado a manifestação da graça de Deus.]

O catequista irá ajudar o catequizando a fazer a experiência daqueles símbolos empregados na celebração, para revelar seus significados. Trata-se de construir o sentido deles, que se vai concretizando passo a passo: daquilo que ele mostra imediatamente aos nossos sentidos, até chegar a seu significado final, que só alcançamos com a fé. Parte do visível para chegar ao invisível; por isso, é imprescindível ter olhos de fé para alcançar o mistério.

1) Partir do sentido comum que o sinal possui na cultura atual. É mais natural partir daquilo que conhecemos para acrescentarmos outros significados ao gesto. Por exemplo: uso do óleo na sociedade; o que proporciona sua falta ou seu excesso...

2) Com a ajuda de textos bíblicos, é preciso apresentar a realidade que os elementos e os gestos possuem segundo a história da salvação; como eles se apresentam no Antigo Testamento e como recebem sua plenitude de significado na pessoa de Jesus Cristo. Os sinais celebrados na liturgia têm sua fonte de graça na história da salvação, de acordo tanto com o que foi empregado e compreendido pelo povo de Deus quanto com o que foi plenificado de sentido em Jesus Cristo. Toda celebração litúrgica contempla leituras bíblicas ou uma completa liturgia da Palavra, antes de realizar o sinal sacramental. Na missa, vamos da mesa da Palavra à mesa da Eucaristia.

Esta Palavra é viva e não está aprisionada no passado; porém, ao fazermos memória daqueles fatos na celebração, recordamos a Deus que sua ação salvadora é para sempre e, por isso, nos tornamos contemporâneos daqueles acontecimentos, mesmo que historicamente eles tenham se dado só uma vez. Na última ceia, Jesus mesmo diz: "Fazei isto em memória de mim!".

3) Mostrar como a liturgia celebra este sinal salvador, hoje, produzindo graça e salvação para aquele que o recebe. Esta Palavra é viva e eficaz (Hb 4,12), pois em cada celebração sobrevém o derramamento do Espírito Santo que atualiza o único mistério. Pela força do Espírito Santo, a liturgia e os sacramentos da Igreja continuam, em nosso tempo, a ação salvadora de Jesus, que cura, abençoa, perdoa, expulsa o mal, parte o pão... Assim, um pequeno gesto se transluz e se torna magnífico, porque cumpre a profecia da Palavra em nosso tempo como graça transformadora e efetiva do Espírito Santo na vida do cristão. Na Crisma, após a celebração da Palavra, o bispo diz: "Recebe, por este sinal, o Espírito Santo, Dom de Deus". A graça que o sacramento proporciona é fruto da promessa proclamada anteriormente na Palavra e atualizada na celebração pela força do Espírito Santo.

4) Ter presente que este sinal requer uma fé consciente e responsável com o dom recebido, pois sua finalidade é a vida nova em Cristo na dinâmica implantada pelo Reino.

Cada um desses passos oferece uma gama de sentidos que, conjuntamente somados, nos revelam a passagem de Deus em nossa vida.

Vivência

Reunir pequenos grupos, escolher um símbolo litúrgico e descrever os quatro passos de sentido de determinado símbolo: água, luz (fogo), pão, cruz, lava-pés, escutar, caminhar etc. Depois ler, em plenário, o trabalho de cada grupo.

Este trabalho de sensibilizar e capacitar o catequista para experienciar o símbolo litúrgico é fundamental e requer dele conhecimentos bíblicos e litúrgicos.

Celebração

Dirigente: A nossa fé se manifesta num diálogo de aliança com a Trindade Santíssima. Deus se comunica conosco e infunde em nós a sua graça para nos santificar. Só é possível conversar com Deus a partir dos nossos sentidos e com os sinais e elementos pertencentes a este mundo.

Ao longo da história da Salvação, Deus se serviu dos elementos que criou para nos envolver neste diálogo de vida e de amor. Igualmente, Jesus realizou tantos gestos de cura, de exorcismo, de perdão e de bênção que até hoje a Igreja, na força do Espírito Santo, os rememora para perpetuar sua força salvadora no tempo.

Todos (cantando): Vem, Senhor. Vem nos salvar. Com teu povo, vem caminhar!

Dirigente: Ao olhar para cada elemento, procuremos nos sensibilizar com a graça da qual são portadores ao serem ritualizados em nossas celebrações.

> [Cada participante toma um elemento nas mãos, contempla-o, mostra para o grupo contemplá-lo e depois diz os versículos correspondentes ao símbolo, para que todos os repitam. Os cantos indicados são apenas sugestões.]

"'É meu Pai quem vos dá o verdadeiro pão do céu. Pois o Pão de Deus é aquele que desce do céu e dá vida ao mundo.' Eles então pediram: 'Senhor, dá-nos sempre desse pão!' Jesus lhes disse: 'Eu sou o pão da vida. Quem vem a mim não terá mais fome, e quem crê em mim nunca mais terá sede'" (Jo 6,32-35).

Todos (cantando): "Eis o pão da vida, eis o pão do céu..."

"Jesus disse aos discípulos: 'Se alguém quer vir após mim, renuncie a si mesmo, tome sua cruz e siga-me'" (Mt 16,24).

Todos (cantando): "Vitória, tu reinarás! Oh, cruz, tu nos salvarás!"

"Por pouco tempo a luz está no meio de vós. Caminhai enquanto tendes a luz, para que as trevas não vos dominem. Quem caminha nas trevas não sabe para onde vai. Enquanto tendes a luz, crede na luz, para que vos torneis filhos da luz" (Jo 12,35-36). "Eu sou a luz do mundo. Quem me segue não andará nas trevas" (Jo 8,12).

Todos (cantando): "Deixa a luz do céu entrar..."

"O Espírito do Senhor está sobre mim porque ele me ungiu. Ele me enviou para anunciar a Boa-Nova aos pobres: para proclamar aos cativos a liberdade e aos cegos a recuperação da vista, para pôr os oprimidos em liberdade" (Lc 4,18).

Todos (cantando): "Quando o Espírito de Deus soprou...".

Dirigente: Os gestos que Jesus teve para com os seus contemporâneos revelam a sua missão de instaurar o Reino de Deus, iniciam uma nova ordem de relacionamento entre as pessoas. A vida se coloca acima do mal, da morte, da doença, do pecado e de tudo o que possa diminuir o ser humano. Diz-nos o Senhor: "Eu vim para que tenham vida, e a tenham em abundância" (Jo 10,10). Por isso, ele abençoa, cura, perdoa, sacia a fome, expulsa o mal e se reencontra com o excluído, como os doentes, os publicanos e a prostituta.

Leitor 1: A palavra hebraica *yad* significa ao mesmo tempo "mão" e "força". Os patriarcas do Antigo Testamento impunham sobre os filhos ou sucessores as mãos em sinal de bênção e transmissão de poder. Os profetas impunham as mãos sobre os novos reis, dando-lhes a força de cumprirem sua missão. Também Jesus abençoa, cura e perdoa com esse gesto expressivo.

Leitor 2: O Senhor esteja convosco.

Todos: Ele está no meio de nós.

Leitor 2: Proclamação do Evangelho de Jesus Cristo segundo Mateus 19,13-15 – *Jesus abençoa as crianças*.

Todos: Glória a vós, Senhor.

Leitor 2: "Naquele momento, levaram crianças a Jesus, para que impusesse as mãos sobre elas e fizesse uma oração. Os discípulos, porém, as repreenderam. Jesus disse: 'Deixai as crianças, e não as impeçais de virem a mim; porque a pessoas assim é que pertence o Reino dos Céus'. E depois de impor as mãos sobre elas, ele partiu dali". Palavra da Salvação.

Dirigente: Seguindo a prática de Jesus de impor as mãos, continuada nos tempos da iniciação cristã com o objetivo de afastar o mal e fortalecer o candidato no seguimento de Jesus, rezemos:

[Enquanto a assembleia ora em silêncio, quem preside impõe as mãos sobre cada catecúmeno e depois diz a oração.]

Dirigente: Oremos.[4]

Deus todo-poderoso e eterno, que nos prometestes o Espírito Santo por meio do vosso Filho Unigênito, atendei a oração que vos dirigimos por estes catequistas que em vós confiam. Afastai deles todo espírito do mal, todo erro e todo pecado, para que possam viver como templos do Espírito Santo. Fazei que a palavra que procede da nossa fé não seja dita em vão, mas confirmai-a com aquele poder e graça com que o vosso Filho Unigênito libertou do mal este mundo. Por Cristo, nosso Senhor.

Todos: Amém.

Dirigente: Pai nosso...

[O dirigente convida todos a ficarem de pé.]

Dirigente: O Senhor nos abençoe e nos guarde!

Todos: Amém.

Dirigente: O Senhor faça brilhar sobre nós a sua face e nos seja favorável!

Todos: Amém.

Dirigente: O Senhor dirija para nós o seu rosto e nos dê a paz!

Todos: Amém.

Dirigente: Que o Senhor confirme a obra de nossas mãos, agora e para sempre!

Todos: Amém.

Dirigente: Abençoe-nos o Deus todo-poderoso, o Pai e o Filho e o Espírito Santo!

Todos: Amém.

Dirigente: Louvado seja nosso Senhor Jesus Cristo!

Todos: Para sempre seja louvado!

---

[4] Cf. RICA, n. 113.

10 Método mistagógico II

Os elementos e os gestos na liturgia adquirem eficácia por continuarem o sentido que receberam da história da salvação. A interação entre a promessa feita no Antigo Testamento e o cumprimento da salvação em Jesus Cristo é o coração do memorial que se realiza hoje na celebração litúrgica.

Preparando o ambiente

A celebração inicial com o óleo será feita com todos os participantes; portanto, preparar o ambiente celebrativo e colocar, sobre uma mesa com toalha, um recipiente com azeite de oliva e perfume, e duas velas acesas.

De acordo com o número de participantes e os símbolos refletidos nos grupos do encontro anterior, preparar o local celebrativo de cada grupo com o símbolo disponível para ser empregado.

Espiritualidade

 [Individualmente, os catequistas leem os sentidos do símbolo do óleo.]

1º passo: sentido cotidiano: No tempo antigo, nas culturas próximas ao mar Mediterrâneo, o óleo da oliveira era usado como nutrição e remédio: passando-o sobre os ferimentos, preservava-se o corpo de infecções. Havia também o costume de untar o corpo dos atletas e dos lutadores para torná-los mais ágeis e para dificultar ao adversário que os agarrasse.

O óleo amacia, fortifica, nutre e purifica as pessoas antes e depois do banho. Associado com o perfume, faz irradiar beleza, saúde e força. Basta ver os inúmeros tipos de óleos perfumados para serem aplicados durante o banho.

2º passo: sentido bíblico: Em Israel, a unção era um rito sagrado. Ungiam-se os sacerdotes, os profetas (cf. 1Rs 19,16), os reis (cf. 1Sm 16,13), a Tenda (cf. Ex 30,25ss), a arca, a mobília da Tenda. Como sinal de consagração, o óleo está sempre associado à ação do Espírito Santo, que elege uma pessoa para uma missão. Tal como o óleo derramado, o Espírito penetra em seu interior, cumulando-o com seus dons e imprimindo definitivamente a sua marca. Portanto, ser ungido significa eleição divina. "Samuel tomou um pequeno frasco de azeite, derramou-o sobre a cabeça de Saul e beijou-o, dizendo: 'Com isto o Senhor te ungiu como príncipe do seu povo, Israel'" (1Sm 10,1). Repete o gesto, dessa vez consagrando Davi como rei: "Samuel tomou o chifre com azeite e ungiu Davi na presença de seus irmãos. E, a partir daquele dia, o espírito do Senhor começou a ser enviado a Davi" (1Sm 16,13). O próprio Davi se recusou a matar Saul porque, como rei, era considerado uma pessoa sagrada (1Sm 24,7.11 e 26,9).

Jesus é chamado Messias e Cristo, palavras que significam "ungido", isto é, consagrado como eterno rei e sacerdote. No seu Batismo, Jesus é ungido, não por mãos humanas, mas diretamente pelo Pai; é manifestado como Filho. O Espírito Santo vem sobre ele e nele se cumpre a profecia: ser o Servo de Javé que atrairá sobre si as dores do povo, conforme Isaías 42,1. Assim, eleição, unção e missão andam juntas.

O Novo Testamento apresenta Jesus Cristo como o ungido pelo Pai (cf. At 10,38). O próprio Jesus aplica a si a profecia de Isaías: "O Espírito do Senhor Deus está sobre mim, porque o Senhor me ungiu" (Is 61,1). O autor da Carta aos Hebreus afirma que Deus ungiu seu Filho com o perfume da alegria" (cf. Hb 1,9). Paulo assegura que Deus nos ungiu em Cristo (cf. 2Cor 1,21).

3º passo: sentido litúrgico: São três os *tipos de óleos*: o dos catecúmenos (para a primeira unção do Batismo), o Crisma (para a segunda unção do Batismo, para a Confirmação, para as Ordenações e para a dedicação das igrejas e altares) e o dos doentes. A unção, com o chamado *óleo dos catecúmenos*, é realizada no peito e em outras partes do corpo, antes do banho batismal. Essa unção evidencia a força divina que deverá tomar conta inteiramente do candidato, preparando-o para a luta.

A liturgia apresenta o óleo como portador da salvação de Deus para a comunidade. Assim diz o bispo na crismação: "N., recebe por este *sinal* (a cruz traçada com o óleo) o Espírito Santo, Dom de Deus". Com a nova consagração pelo Crisma, realiza-se um fortalecimento, um robustecimento, uma intensificação, uma plenitude da graça para o crismado viver a maturidade da fé.

O óleo dos enfermos é sinal de força e de ajuda do Espírito para superar a debilidade do pecado e da doença.

Compromisso cristão: A unção crismal é o sinal de uma consagração, feita para expressar o selo de pertença total a Cristo e a promessa da proteção divina. É a marca do Espírito de Cristo para sempre, a fim de que sejam testemunhas dele no meio do mundo.[1] Os discípulos são investidos de poder, que os capacita e orienta para anunciarem a Boa-Nova e cumprirem o ministério iniciado por Cristo durante sua missão terrena. "Recebereis o poder do Espírito Santo que virá sobre vós, para serdes minhas testemunhas em Jerusalém, por toda a Judeia e Samaria, e até os confins da terra" (At 1,8). "Sede, portanto, membros vivos dessa Igreja e, guiados pelo Espírito Santo, procurai servir a todos, à semelhança do Cristo, que não veio para ser servido, mas para servir."[2]

Celebração de envio

Comentarista: O Senhor nos concede o seu Espírito sem medidas; basta que nós o invoquemos para que venha em socorro de nossa fraqueza. Ele, tal como o bálsamo, cura nossas feridas, fortalece nosso ser. O Espírito ilumina nosso interior com sua luz benfazeja,

---

[1] Cf. SCOUARNEC, Michel. *Símbolos cristãos*: os sacramentos como gestos humanos. São Paulo, Paulinas, 2004, pp. 52-53.

[2] *Rito da Confirmação*, n. 22.

afastando-nos das trevas do pecado, da preguiça, do orgulho e da maldade.

Canto ao Espírito Santo

A nós descei, divina luz!
A nós descei, divina luz!
Em nossas almas acendei
O amor, o amor de Jesus! (bis)

1. *Vinde, Santo Espírito/ E do céu mandai/ luminoso raio!* (bis)

2. *Vinde, Pai dos pobres,/ Doador dos dons,/ Luz dos corações!* (bis)

3. *Grande defensor, /Em nós habitai/ e nos confortai!* (bis)

4. *Na fadiga, repouso, /no ardor, brandura/ e na dor, ternura!* (bis)

Dirigente: Para participarmos desta celebração, na qual seremos ungidos para a grande missão que o Senhor nos confia, vamos reconhecer-nos necessitados da graça e do perdão do Senhor.

– Senhor, que escolhestes e ungistes os profetas em vosso nome, tende piedade de nós.

– Cristo, ungido de Deus Pai, tende piedade de nós.

– Senhor, que enviastes o Messias, o vosso Ungido, tende piedade de nós!

– Deus, todo-poderoso, tenha compaixão de nós, perdoe nossos pecados e nos conduza à vida eterna.

Leitor: Leitura do Primeiro Livro de Samuel 10,1-8 – *Saul ungido príncipe por Samuel*.

Homilia

Dirigente: "Samuel tomou um pequeno frasco de azeite, derramou-o sobre a cabeça de Saul e beijou-o, dizendo: 'Com isto o Senhor te ungiu como príncipe de seu povo, Israel'."

Desde o AT, o óleo consagra a pertença ao Senhor em vista da missão. O ungido assumia, agraciado por Deus, uma missão estabelecida. Jesus envia com a missão de salvar.

> [Perguntar aos participantes como sentem a ação salvadora do Espírito Santo em suas vidas. De que forma ele se manifesta na Igreja? De nossa parte, quando uma ação é inspirada pelo Espírito? Quais os critérios para discernir a ação do Espírito na vida do cristão? Como ser fiéis à missão de Cristo.]

Unção

> [O(s) dirigente(s) toma(m) o recipiente com óleo e unge(m) cada participante nas mãos, nos joelhos e nos pés. Durante a unção, cantar ao Espírito Santo (sugestão: "Deus nos unge agora").][3]

Dirigente: Unjo-te as mãos, porque a missão se faz com as mãos da caridade.

Unjo-te os joelhos, porque a missão se faz rezando.

Unjo-te os pés, porque a missão se faz partindo em busca do irmão.

Oração dos fiéis

Dirigente: Ser ungido pelo Espírito é ser confirmado no caminho de Jesus, no seguimento de sua missão de trazer a vida para o mundo, longe dos interesses cruéis que degradam as pessoas e destroem o planeta. Acolher o Espírito de Jesus é aderir ao Reino e à esperança da vida eterna.

Todos: Santificai-nos, Pai, por vosso Espírito Santo.
> [Em três coros, e todos repetem o refrão.]

1. Senhor Deus, que ungistes, outrora, sacerdotes, profetas, ungi-nos com o óleo salutar da vossa presença santificadora.

2. Senhor, que o óleo da vossa graça seja manifestação do Espírito Santo, através de ações e palavras.

---

[3] Pe. Zezinho, scj. CD: 11821-4 – *Ele me ungiu*: canções para confirmar a fé. São Paulo, Comep, 2003.

3. Senhor Jesus, o ungido do Pai, confirma-nos com sua unção para o compromisso com a missão no aqui e agora.

Dirigente: Oremos.

Olhai, Senhor, os vossos filhos e filhas que obedecem ao vosso santo nome e inclinam a cabeça diante de vós: ajudai-os a praticar todo bem e inflamai seus corações para que, lembrando-se das vossas ações e mandamentos, se apressem com alegria em vos servir em tudo. Por Cristo, nosso Senhor.

Todos: Amém.

Dirigente: O Senhor esteja convosco.

Todos: Ele está no meio de nós.

Dirigente: Abençoe-nos o Deus todo-poderoso: Pai, Filho e Espírito Santo.

Todos: Amém.

Para refletir

Normalmente, o ministério do catequista se caracteriza mais pela profecia, ele é o anunciador da Palavra. *A unidade entre a Palavra e o sacramento* leva o catequista a valorizar as pequenas celebrações que põem os catequizandos em contato direto com a graça anunciada no mistério da Palavra. Assim, um pequeno gesto se transluz e se torna magnífico, porque cumpre a profecia da Palavra em nosso tempo como graça transformadora e efetiva do Espírito Santo na vida do cristão.

O catequista irá fazer vivências celebrativas para conhecer o que significa a celebração, qual a sua finalidade ou, ainda, como nos colocamos diretamente em contato com o mistério de Deus. Esta prática deixará a catequese mais orante, bíblica e simbólica.

Se você, catequista, não tem prática de conduzir uma celebração ou oração comunitária, não precisa temer ou sentir-se inseguro, porque se trata do mesmo movimento da Palavra. Por isso, há que desenvolver vivências dos ritos na catequese para unir a Palavra com o gesto litúrgico.[4] *A vivência litúrgica quer proporcionar o contato direto de nossos sentidos com o símbolo para despertar a experiência efetiva da graça de Deus.* Por exemplo, a celebração do lava-pés no pequeno grupo tem como finalidade o aprofundamento experiencial do sentido do rito, que ampliará seu significado na grande celebração comunitária em seu tempo próprio: a Quinta-feira Santa. A informalidade do grupo e também o pequeno número de participantes facilitarão a desenvoltura do catequista e o clima familiar da celebração.

Como desenvolver pequenas celebrações com finalidade mistagógica?

Ao preparar uma vivência litúrgica para um grupo, podemos imaginar a criatividade de um catequista dispondo apenas do texto da Palavra e do símbolo que quer celebrar, por exemplo: a luz (círio), cântaro com água ou pedaço de pão.

Portanto, partindo da atividade realizada no encontro anterior, de descrever os quatro passos de compreensão do símbolo litúrgico, reunir-se em pequenos grupos, onde os símbolos referentes aos grupos foram preparados, e redigir o roteiro de uma pequena celebração, cujo centro será a proclamação da Palavra adequada ao sentido do símbolo e a vivência do símbolo. Esta celebração poderá contemplar:

a) *rito inicial:* acolhida em nome da Trindade; pedido de perdão; oração;

b) *liturgia da Palavra:* proclamação do texto bíblico; homilia interativa na qual se comenta o sentido usual do símbolo, o sentido bíblico e sua aplicação ritual;

c) *rito com aplicação do símbolo:* com prece dos fiéis e comentário sobre o compromisso gerado por aquele símbolo;

d) *bênção final.*

De acordo com o símbolo, esta sequência poderá ser diferente; trata-se de uma sugestão.

O catequista poderá recriar vários tipos de celebrações, lançando mão dos símbolos litúrgicos. Muitas vezes será necessário dedicar um

---

[4] Conferir mais amplamente o tema em: NUCAP. *Mistagogia*: do visível ao invisível. São Paulo, Paulinas, 2013.

encontro inteiro para realizar a vivência no grupo. Mais que celebrar o rito às pressas, o importante é não pular etapas, para que o objetivo de sensibilização e de nova visão do símbolo seja alcançado. Recomenda-se que a celebração transcorra num clima familiar e orante.

Vivência

Cremos que o catequizando, ao vivenciar ritualmente no pequeno grupo os símbolos mais frequentes na liturgia, liderado pelo testemunho do catequista, descobrirá a vitalidade do rito como experiência atual da graça do Senhor, que vem ao seu encontro. Posteriormente, ao participar da liturgia na comunidade reunida, esse mesmo catequizando terá desenvolvido suficientes referências para integrar-se no corpo da assembleia e participar ativa, consciente e frutuosamente.

Trata-se de celebrações que não têm tom meramente didático, mas de algum modo já são cultuais; são orações que tornam fácil a passagem à verdadeira celebração litúrgica. Recomendamos que estas vivências realizadas durante a formação sejam reproduzidas nos grupos com os catequizandos.

Celebração

Celebrar o que foi planejado no grupo. Distribuir as tarefas, como: providenciar o material necessário, selecionar quem irá proclamar as leituras, proferir as preces etc. e demonstrar segurança ao conduzir a celebração, uma vez que entendeu o objetivo e cada um dos passos da vivência.

Em tom familiar, iniciar a celebração com o canto de um mantra ou outro adequado.

Prosseguir com a saudação inicial.

Depois, comentar o sentido usual do símbolo e, dando o passo seguinte, mostrar o seu sentido bíblico. Sempre perguntar, escutar e valorizar as intervenções dos participantes.

A essa altura, proclamar a Palavra. Demonstrar como as promessas bíblicas se cumprem no rito litúrgico. É preciso unir a Proclamação da Palavra com o sinal escolhido.

Por fim, realizar o gesto litúrgico.

A linguagem mistagógica é sacramental, ou seja, ela é eficaz, transformadora, atuante. Ao celebrar, nosso modo de falar deverá apresentar a realização do mistério em ato, quer dizer, Deus está agindo, ele é a garantia da efusão de graças para aquele que se aproxima do manancial da salvação.

Nada mais impreciso do que nos referirmos aos mistérios com expressões do tipo: "Este símbolo parece que... lembra... representa...". Nossa linguagem deverá ser direta, performativa e convicta, pois Deus atua cumprindo suas promessas contidas em sua mesma Palavra, por exemplo: "Quem se alimenta com a minha carne e bebe o meu sangue tem a vida eterna, e eu o ressuscitarei no último dia" (Jo 6,54). Não há por que vacilar. É Deus quem age.

O encontro da Palavra com o símbolo se desdobrará em súplica, louvor ou pedido de perdão.

Nos diálogos transcorridos durante a celebração, naturalmente sobressairá o compromisso vital que nasce entre a ação divina e a resposta de adesão de nossa parte.

Para concluir, reunir os participantes em plenário a fim de avaliar as etapas de organização da celebração, para pô-la em prática e para comprovar se o objetivo de despertar o sentido do símbolo litúrgico nos quatro passos foi alcançado.

11 Unidade sacramental e centralidade pascal

A Páscoa não é prerrogativa só de Cristo, mas, sim, de todo batizado. Revivemos os mistérios de sua vida, assemelhando-nos a ele, morrendo e ressuscitando, até chegarmos a reinar com ele.

Preparando o ambiente

Para celebrar a antecipação da entrega de Jesus na Quinta-Feira Santa, com o gesto do lava-pés e da celebração da ceia pascal como banquete que precedeu o êxodo – a primeira Páscoa com o novo significado de sua morte iminente –, preparar o ambiente de ceia com mesa forrada com toalha branca, flores, pão, vinho (ou suco de uva), uvas, trigo e castiçais. Arrumar as cadeiras em semicírculo ao redor da mesa. Providenciar também bacia, jarro com água, toalha grande e toalhas pequenas. E, para a vigília, dispor de um círio grande, velas para os participantes e água benta.

A preparação é não apenas uma distribuição mecânica de tarefas, mas sim uma oportunidade para, individualmente e também em grupo, aprofundar o mistério da fé celebrada em atitude orante, vivencial e contemplativa. Ao preparar a celebração, o grupo tomará consciência das partes da celebração, de seu significado e da vida da comunidade que a envolve.

Espiritualidade

Comentarista: No tempo de Moisés, ainda quando os hebreus estavam no Egito, a primeira Páscoa ganhou sentido na experiência do "êxodo", uma palavra que significa "saída" e se refere à libertação da escravidão egípcia em busca da liberdade. No êxodo, Deus vai ao encontro da escravidão de seu povo para libertálo; essa ação divina acontece na história. O êxodo é a Páscoa.

Jesus celebra a Páscoa como um novo acontecimento histórico comunicador da salvação e libertação de Deus. Às vésperas de ser entregue e condenado à morte, Jesus tomou o pão e o vinho e aplicou-os a si mesmo. Em forma de ceia pascal, antecipou o que aconteceria no dia seguinte, no calvário.

Sua morte é Páscoa: mostra a intervenção do Pai que salva a humanidade pelo amor de seu Filho; amor este levado às últimas consequências: "Tendo amado os seus que estavam no mundo, amou-os até o fim" (Jo 13,1).

[Preparar os ritos iniciais: a abertura trinitária, o ato penitencial e uma oração conclusiva. O dirigente, com vestes próprias, coordenará a celebração.]

Liturgia da Palavra

Leitor 1: 1ª leitura: Ex 12,18.11-14 – *Primeira Páscoa*.

Leitor 2: Salmo 116(115) – *O cálice por nós abençoado*.

Leitor 3: 2ª leitura: 1Cor 11,23-26 – *O que eu recebi vos transmiti*.

Dirigente: Evangelho: Jo 13,1-15 – *Lava-pés*.

[Na partilha, ressaltar a Páscoa como libertação e passagem para a plenitude. Estabelecer a relação entre Eucaristia, sacramento da morte de Jesus na cruz, e o serviço aos irmãos, que se manifesta no lava-pés, como componentes de uma única ação salvadora de Deus. Por que esse gesto faz parte da celebração da Quinta-Feira Santa, quando celebramos a instituição da Eucaristia? Que atitudes Jesus propõe para quem quer ser seu discípulo?

Começando pelo dirigente, realizar com simplicidade o gesto do lava-pés; depois convidar os participantes para se revezarem neste gesto, enquanto todos cantam: "Jesus ergueu-se da ceia".][1]

Dirigente: A Eucaristia é o sacramento da entrega de Jesus na cruz. Sua entrega consciente àqueles que podiam matá-lo significou o

---

[1] Pe. Geraldo Leite Bastos. CD: 11797-8 – *Tríduo Pascal na ponte dos carvalhos*. Paulinas, COMEP, 2003.

enfrentamento do mal deste mundo pelo Filho de Deus. Jesus combate o mal pela raiz e ensina-nos que o amor deve ser levado às últimas consequências. Dessa forma, o sinal do pão partido se une ao significado humilde do serviço do lava-pés: é sempre a vida doada.

[O dirigente convida para a oração do Pai-Nosso. Partir o pão e distribuir o vinho. Todos comem o pão e recebem o vinho, enquanto se entoa um canto sobre a caridade.]

Para refletir

O RICA converge todo o processo formativo para o ciclo pascal e o faz culminar na celebração da Vigília Pascal. Este mistério central da vida de Cristo revela o fundamento da iniciação: promover a transformação/inserção na Páscoa de Cristo, de tal maneira que ela passa a ser nossa também.

Na verdade, a participação do candidato na Páscoa acontece desde o começo do processo: o anúncio na catequese e as celebrações – da Palavra, de passagem e os exorcismos, unções e entregas – levam aos poucos o candidato a abandonar uma mentalidade egoísta e assumir hábitos cristãos. O processo atinge seu auge quando este mistério é solenemente comemorado na Vigília Pascal; ali, o eleito recebe os sacramentos pascais para ser definitivamente configurado em Cristo.

Batismo

É considerado a porta da vida espiritual; por isso, a fonte batismal ou o batistério se localiza na entrada da igreja. O Batismo constitui o momento inicial de identificação, pois propicia a primeira participação na morte e ressurreição de Cristo, na qual o batizado é transformado radicalmente.

Pelo Batismo, por uma morte semelhante à de Jesus, nos tornamos uma coisa só com ele (cf. Rm 6,5). Tudo o que é próprio de Cristo, passa então a ser do cristão; assumimos a mesma missão de Cristo porque nos tornamos seus discípulos e fomos incorporados nele.

Quando as crianças ou os adultos batizados irão responder a este dom?

Ao sermos batizados, Deus perdoa todos os nossos pecados, nos confere o Espírito de seu Filho, nos dá o Reino como herança e nos dispensa todas as graças. Só fica faltando uma coisa: nossa resposta de fé ao grande dom de filiação recebido. A nossa existência inteira constituirá o tempo hábil para respondermos "sim" ao dom do nosso Batismo e vivermos como filhos de Deus.

O discípulo não é maior do que o Mestre (cf. Mt 10,24). Se Jesus foi incompreendido e nos amou até às últimas consequências, este será o caminho do discípulo: amar, doar-se, entregar a vida, como ele o fez. "Se alguém quer vir após mim, renuncie a si mesmo, tome a sua cruz e siga-me!" (Mc 8,34). A cruz de Jesus, sinal de doação, de serviço e da sua luta com o espírito do mundo, infalivelmente, também se erguerá na vida do cristão.

Portanto, a Páscoa não será prerrogativa só de Cristo, mas, sim, de todo batizado.

Renascidos no Batismo, participamos da tríplice missão de Cristo: ser profeta, sacerdote e rei.

A unção recebida no Batismo associa o fiel ao sacerdócio de Cristo. Cristo eternamente se oferece ao Pai pela humanidade; como somos membros de seu corpo, participamos da dinâmica pascal e aprendemos a oferecer com ele a nossa própria vida como hóstia santa. É o chamado "sacerdócio comum dos fiéis".

Por isso, os cristãos são capazes de prestar a Deus um culto autêntico, que consiste na transformação de sua existência pela caridade divina.

Esse exercício de vencer o pecado, o mal, o egoísmo, é proposto como missão ou projeto de vida para aquele que foi associado ao seu corpo. Esta, então, será a nossa resposta de fé e de adesão ao projeto de Deus em nossa vida. Constituirá o nosso "sim" ao Batismo que recebemos e à apropriação da cruz junto com ele.

Confirmação

O sinal principal da Confirmação é a assinalação da cruz com o óleo do crisma, ao que o bispo diz: "Recebe por este sinal o Espírito Santo, dom de Deus". Esse sinal associa o crismando ao mistério da cruz de Cristo, para que, pela força do Espírito Santo, vença os sofrimentos e seja sempre fiel.

A Confirmação expressa e supõe a força especial do Espírito para cumprir a missão profética de Cristo em meio ao mundo, para edificar em unidade a Igreja, Corpo de Cristo, e defender a verdade do Evangelho nas diversas situações da vida.

A Confirmação, aperfeiçoamento e prolongamento do Batismo, faz os batizados avançarem pelo caminho da iniciação cristã, pelo dom do Espírito, que capacita o indivíduo a viver as exigências do caminho pascal, rememorado no sacrifício da Eucaristia. O Espírito recebido na Crisma nos capacita para entregarmos, com valentia, nossa vida como serviço de amor. A Confirmação está orientada à participação plena na Eucaristia.

Desde seu Batismo, o cristão aprende que viver em Cristo é amar sem limites, é doar a si mesmo em favor dos outros. São os selos do Batismo e da Crisma que permanecem com o cristão e o orientam pela vida afora, pois, animado pelo Espírito Santo, poderá responder sempre afirmativamente ao projeto de Cristo em sua vida. A iniciação marca os fundamentos de toda a vida como seguimento de Cristo; equivale a um projeto de vida e um modo de ver e se posicionar no mundo, segundo o projeto de Jesus Cristo. Supõe-se que o batizado viva a Páscoa de Cristo cada vez mais real e plenamente.

Eucaristia

A Eucaristia leva a iniciação a termo, pois o batizado, incorporado à comunidade, reproduz o único sacrifício, que é o seu. Os sacramentos da iniciação são chamados sacramentos da Igreja porque, de agora em diante, os neófitos oferecem o sacrifício de Cristo associado ao seu corpo, oferecem em si mesmos o sacrifício da Igreja. Por isso, o Batismo se cumpre na Eucaristia. A Eucaristia é a possibilidade de continuarmos participando do mistério da paixão, morte e ressurreição do Senhor, com a finalidade de nos assemelharmos sempre mais ao Senhor, por meio de atitudes cada vez mais de acordo com o Evangelho.

Em cada Eucaristia, fazemos memória do sacrifício de Cristo e queremos que nossa vida seja um sacrifício de louvor. É o Cristo inteiro, cabeça e membros, que se oferece pela salvação da humanidade. Assim, aclamamos na Oração Eucarística III: "Fazei de nós uma oferenda perfeita".

A Eucaristia será a participação repetida de toda a comunidade no mistério pascal e será a incorporação na Igreja, cada vez mais perfeita e total. Por isso, na Eucaristia dominical o batizado oferece o sacrifício de louvor de toda a sua vida entregue ao Reino. Assim, passamos a compreender a frase paulina: "Completo, na minha carne, o que falta às tribulações de Cristo em favor do seu Corpo, que é a Igreja" (Cl 1,24).

Desde o dia do Batismo, em que fomos submergidos em Cristo, até a hora da morte, a última Páscoa do cristão, participamos de Páscoa de Jesus: doando a vida, servindo e amando o próximo como ele o fez, a ponto de morrer na cruz. Todo o caminho é uma vivência progressiva da Páscoa de Cristo comunicada a cada um de nós. Dessa forma, a liturgia, o Ano Litúrgico e todos os sacramentos têm a tarefa comum de produzir a configuração da pessoa na Páscoa de Cristo. Vamos de Páscoa em Páscoa até a Páscoa derradeira.

Vivência

Centrar toda a atenção do processo formativo durante o ciclo pascal (antes, durante e depois); por isso, a catequese se adequará muito melhor ao ano litúrgico do que ao ano civil escolar.

A mútua referência dos três sacramentos imprime um espírito unificador entre as catequeses das várias idades, ajuda a superar uma prática pastoral fragmentada e desarticulada, e a construir verdadeiros processos de iniciação cristã, com a preocupação de alcançar a identificação com Cristo. Pode-se, inclusive, pensar numa capacitação integrada dos agentes, mesmo que cada idade compreenda uma metodologia específica; porém, há uma base e objetivos comuns.

Há também a crescente orientação de constituir a comissão paroquial e diocesana de iniciação à vida crista, que visa à boa articulação das atividades do processo, a qual deverá ser formada pelo pároco, catequistas, coordenadores de grupos de jovens, pastoral familiar, pastoral litúrgica, do Batismo e outras pastorais.

Toda a ritualidade prevista pelo RICA interage diretamente com as catequeses. Isto faz com que, gradualmente, se celebrem os ritos ilustrativos dos sacramentos, restando somente o gesto central a ser celebrado na Vigília Pascal. Por exemplo: a celebração de entrada no catecumenato corresponde aos ritos iniciais do Batismo de crianças.

Tal pedagogia repropõe adequadamente o lugar do sacramento no percurso da iniciação. A celebração sacramental situa-se no interior do processo catequético e constitui o seu eixo de sentido, por sua eficácia transformadora e salvífica. Mas a meta última do caminho catecumenal é iniciar o candidato na experiência de fé cristã, para o batizado levar com responsabilidade o dom recebido pela vida afora.

Como a Crisma está estreitamente ligada ao Batismo, quando se batiza um adulto, imediatamente se deve crismá-lo, até mesmo quando a celebração é presidida por um padre, pois este tem licença para isto no caso de o bispo não poder estar presente.[2] Na celebração da Crisma, os jovens renovam as promessas do Batismo.

Celebração

[Se possível, a comunidade dos catequistas se reúne ao redor de uma fogueira, sinal de Jesus, nossa luz, e todos os participantes trazem velas consigo.]

Comentarista: Vamos acender a luz da nossa fé e com esta luz iremos retomar algumas leituras da Vigília Pascal. Queremos meditar e acolher o mistério de nossa salvação realizado na história, do qual somos responsáveis. Comemoramos a Páscoa acompanhando a história de nossa salvação em Jesus Cristo, que passou da morte à vida. Por ele, temos a firme esperança de participar do seu triunfo sobre a morte e de sua vida em Deus.

Dirigente: Em nome do Pai, e do Filho, e do Espírito Santo.

Todos: Amém.

---

[2] "O Batismo dos adultos, pelo menos daqueles que completaram catorze anos, seja comunicado ao bispo diocesano, a fim de ser por ele mesmo administrado, se o julgar conveniente" (*Código de Direito Canônico*, cân. 863); mas, na impossibilidade do bispo, "a Confirmação poderá ser conferida pelo presbítero que ministrou o Batismo" (*Ritual de iniciação cristã de adultos*, n. 228).

Dirigente: A graça e a paz de Deus, nosso Pai, o amor de Jesus Cristo ressuscitado e a comunhão do Espírito Santo estejam convosco.

Todos: Bendito seja Deus que nos reuniu no amor de Cristo.

Dirigente: Oremos.

Ó Deus, que pelo vosso Filho trouxestes àqueles que creem o clarão da vossa luz, santificai este novo fogo (esta luz). Concedei que a festa da Páscoa acenda em nós tal desejo do céu, que possamos chegar purificados à festa da luz eterna. Por Cristo, nosso Senhor.

> [Se houver uma fogueira, o dirigente acende o círio nela, sendo seguindo por todos os participantes, que acendem sua vela e sentam-se, cada um acomodando-a próximo de si. As velas poderão ficar acesas durante toda a vigília.]

Dirigente: A liturgia da Vigília ressalta a passagem das leituras do Antigo Testamento para as do Novo. A ordenação das leituras traz o dinamismo da revelação das maravilhas de Deus na história da salvação: começa com a criação e continua com a libertação do Filho de Deus e com a passagem da morte à vida (Mar Vermelho); daqui se passa aos profetas. Há o anúncio da Ressurreição e a leitura de Paulo aos romanos sobre o Batismo cristão, como sacramento da Ressurreição de Cristo.

> [As leituras podem ser proclamadas do Lecionário Dominical, Vigília Pascal – Ano A. Se for conveniente, após cada salmo, rezar a correspondente oração Coleta, que está no Missal Romano.]

Leitor 1: Gênesis 1,1.26-31a – *Deus viu tudo quanto havia feito.*

Salmista: Salmo 103(104) – *Enviai o vosso Espírito, Senhor.*

Leitor 2: Êxodo 14,15–15,1 – *A passagem do Mar Vermelho.*

Salmista: Êxodo 15,1-6.17-18 – *Cântico de Moisés.*

Leitor 3: Ezequiel 36,16-28 – *Dar-vos-ei um coração novo e um espírito novo.*

Salmista: Salmo 41/42 – *A minh'alma tem sede de Deus.*

> [Fazer uma pausa para reflexão das leituras, a fim de estabelecer a progressão da salvação.]

Leitor 4: Romanos 6,3-11 – *Pelo Batismo, na sua morte, fomos sepultados*.

Todos: Canto do "Aleluia".

Dirigente: O Senhor esteja convosco!

Todos: Ele está no meio de nós.

Dirigente: Proclamação do Evangelho de Jesus Cristo segundo Mateus 28,1-10 – *O sepulcro vazio e Jesus Ressuscitado*.

Todos: Glória a vós, Senhor.

> [Fazer a homilia com a participação de todos. Ressaltar que a nossa história é continuação da história bíblica, e quem o garante é o Espírito Santo.]

Comentarista: A Vigília Pascal é a ocasião mais apropriada para celebrar os sacramentos da iniciação, porque nessa noite a Igreja comemora com sua máxima solenidade a Páscoa do Senhor. E, por meio dos três sacramentos, os catecúmenos são identificados ou enxertados na Páscoa de Cristo. A comunidade, por sua vez, diante dos neobatizados, recorda sua iniciação e renova seus compromissos batismais, e tais compromissos deverão ser sempre renovados.

Ato de renovação da fé batismal

Dirigente: Para viver a alegria do Reino, buscando a simplicidade de vida, o bem das pessoas e o respeito à casa comum, renunciais ao consumismo vazio que degrada a pessoa humana?

Todos: Renuncio.

Dirigente: Para se sentirem livres e fiéis à vossa consciência iluminada pelo Evangelho, renunciais à barganha interesseira e à manipulação das pessoas que prejudicam o bem comum?

Todos: Renuncio.

Dirigente: Para acolherem o perdão de Deus e o dom da sua misericórdia, renunciais ao orgulho, à vaidade e à pretensão de serem melhores do que os outros?

Todos: Renuncio.

Dirigente: Credes em Deus, nosso Pai, que nos acolhe incondicionalmente e nos revela sua vontade para encontrarmos a nossa realização humana?

Todos: Creio.

Dirigente: Credes em Jesus Cristo, o Filho de Deus que veio a este mundo fazendo o bem, que morreu pelos nossos pecados, ressuscitou dos mortos e nos concede a vida eterna?

Todos: Creio.

Dirigente: Credes no Espírito Santo, Dom de Deus, que habita em nossos corações, nos impele a fazer o bem e a reconhecer a manifestação de Deus em nossa vida?

Todos: Creio.

Dirigente: Professamos nossa fé, que é a maior alegria que o nosso coração pode alcançar neste mundo. Ela é o luzeiro que vai adiante de nossos caminhos para iluminá-los e evitar que conheçamos o desvio.

[O dirigente asperge a assembleia ou oferece um recipiente com água para cada um se persignar.]

Dirigente: Deus verdadeiro e Pai de misericórdia, nós vos somos gratos. Vós honrastes nossa natureza de forma superior à dos beatos Patriarcas; em verdade, por eles, fostes chamado "Deus", mas por nós, por clemência vossa, quisestes ser chamado "Pai". Agora, ó Senhor, vos suplicamos, que esse Nome tão novo e precioso, dia a dia, floresça e resplandeça na vossa santa Igreja.

Todos: Pai nosso...

Dirigente: O Senhor esteja convosco!

Todos: Ele está no meio de nós!

Dirigente: Abençoe-nos o Deus todo-poderoso...

12 Ministérios da iniciação cristã

A vocação é dom que descobrimos em nosso interior, que impele nossa consciência a, inicialmente, executar uma tarefa e, depois, a prosseguir insistentemente no mesmo caminho.

Preparando o ambiente

No centro da sala, coloque um par de sandálias, preferencialmente de couro, uma bacia, um jarro com água e um embornal. Ensaie cantos vocacionais e missionários.

Espiritualidade

Comentarista: O Senhor nos chamou para uma missão! O Espírito Santo confere unidade a toda comunidade, une as pessoas, munindo-as com dons variados para que nada falte e o corpo esteja completo.

Dirigente: Em nome do Pai...

A graça de nosso Senhor Jesus Cristo, o amor do Pai e a comunhão do Espírito Santo estejam convosco!

Todos: O amor de Cristo nos uniu.

Dirigente: Peçamos perdão ao Pai pelas vezes que não levamos a sério o seu chamado e deixamos de ser anunciadores do Reino com o testemunho de nossas ações.

Leitor 1: Senhor, que nos chamou de amigos, porque nos revelou tudo o que ouviu do Pai. Senhor, tende piedade de nós!

Todos: Senhor, tende piedade de nós!

Leitor 1: Cristo, que ensinou que, quem quiser ser o maior, seja o servidor de todos. Cristo, tende piedade de nós!

Todos: Cristo, tende piedade de nós!

Leitor 1: Senhor, que muito cobrará a quem muito foi confiado. Senhor, tende piedade de nós!

Todos: Senhor, tende piedade de nós!

Dirigente: Oremos.

Pai querido, nossa alegria é estar em vós e saber que nos ama e cuida de nós com a vossa providência e o vosso carinho. Assim como a Mãe de vosso Filho, queremos vos dizer: Eis aqui vossos servos, cumpra-se em nós a vossa Palavra. Pedimos-vos que fortaleceis nossa mente e nosso espírito para sempre cumprirmos vossa vontade com empenho e alegria. Cumulai-nos com vosso amor para que possamos superar nossos limites e servir-vos com prontidão e vontade. Com vosso Espírito Santo, transformai nosso orgulho em serviço de amor desinteressado e atento aos outros. Por nosso Senhor Jesus Cristo, vosso Filho, na unidade do Espírito Santo.

Liturgia da Palavra

Leitor 2: Leitura da Primeira Carta de São Paulo aos Coríntios 12,4-13 – *Há diversidade de dons, mas o Espírito é o mesmo.*

Salmo responsorial: Sl 99(100),2-5.

Todos: Nós somos o seu povo e seu rebanho.

1. Aclamai o Senhor, ó terra inteira, servi ao Senhor com alegria, ide a ele cantando jubilosos!

2. Sabei que o Senhor, só ele, é Deus, ele mesmo nos fez, e somos seus.

1. Entrai por suas portas dando graças, e em seus átrios com hinos de louvor; dai-lhe graças, seu nome bendizei!

2. Sim, é bom o Senhor e nosso Deus, sua bondade perdura para sempre, seu amor é fiel eternamente!

Dirigente: O Senhor esteja convosco!

Todos: Ele está no meio de nós.

Dirigente: Proclamação do Evangelho de Jesus Cristo segundo Lucas 17,7-10 – *Somos servos inúteis; fizemos o que devíamos fazer*.

Todos: Glória a vós, Senhor.

[O grupo poderá refletir a partir das afirmações: Somos pessoas com dons diferentes e a serviço do Evangelho; todo dom vem do Espírito Santo; o dom existe para se pôr a serviço da comunidade; o que caracteriza o serviço é a humildade; o lava-pés é a expressão concreta deste serviço.]

Prece dos fiéis

Leitor: Para que nós, catequistas, assumamos uma atitude de simplicidade e de disponibilidade para cumprirmos a nossa missão, rezemos ao Senhor.

Leitor: Para que a nossa primeira atitude seja a de fazer a vontade do Pai, e não nos valermos do anúncio do Evangelho para nenhum outro objetivo, rezemos.

Leitor: Para que se fortaleçam entre nós atitudes de acolhida, de aceitação e de valorização do outro, rezemos ao Senhor.

Leitor: Para que cresça sempre em nós a consciência de servir a messe do Senhor por meio da competência, da oração e da doação de si, rezemos ao Senhor.

Dirigente: Pai nosso...

Oremos.

[Dirigente estende as mãos em direção aos catequistas.]

Deus, criador e salvador de todo ser humano, que em vosso amor destes a vida a estes catequistas, em vossa misericórdia os socorrestes e chamastes a vós: penetrando o íntimo do seu ser, protegei-os na missão de anunciar o vosso Filho, conservai-os em vossa providência e, levando ao fim vosso plano de amor, concedei que, servindo sinceramente ao Cristo, sejam contados na terra entre os seus discípulos e se alegrem no céu com seus louvores. Por Cristo, nosso Senhor.

Todos: Amém.

Para refletir

Comunidade

O processo catecumenal da iniciação põe em evidência a Igreja, que se manifesta pelo povo e por seus ministros como comunidade servidora. Conforme o RICA, n. 41: "O povo de Deus, representado pela Igreja local, sempre compreenda e manifeste que a iniciação dos adultos é algo de seu e interessa a todos os batizados".

A comunidade revela o rosto da Igreja-mãe que gera e acolhe os seus filhos e quer que todos alcancem a maturidade da fé em seu Divino Esposo. Os três sacramentos constituem a Igreja, são dela e para ela. *Afinal, o objetivo da iniciação é gerar o Corpo de Cristo, que em última instância é a própria comunidade cristã.* Ou seja, o batizado como parte integrante do Corpo de Cristo, ao receber a comunhão, constitui mais unidade neste Corpo, a Igreja. Por isso a Eucaristia coroa a iniciação.

A comunidade introduz *gradualmente* o catecúmeno *nas celebrações, símbolos, gestos e tempos da atividade litúrgica*. Igualmente vai suscitando sua atividade evangelizadora, que consiste em anunciar aquilo que se crê e que se vive (cf. At 4,31). Compromete-se a dar-lhe apoio em sua vida de fé, a iluminá-lo em seu itinerário espiritual com a *catequese*, a inseri-lo no seio de uma assembleia viva por meio da *liturgia* e a estimulá-lo ao *compromisso* em seu próprio ambiente.

O planejamento catequético contempla as celebrações de passagem, a Eucaristia dominical, as entregas e os escrutínios. Nestas ocasiões, a comunidade reconstitui sua vocação e missão, pois é chamada a *re-*

novar a graça batismal, a comprometer-se pelo acolhimento e formação do catequista e do catequizando. Enfim, refaz e aprofunda a própria caminhada de fé, tornando-se sempre mais fecunda, visto que também ela está em constante processo de conversão.

Renova sua adesão quando celebra os símbolos constituintes de sua fé: Páscoa – cruz e ressurreição; resposta de fé – renúncia e entregas; óleo – fortaleza e dom do Espírito; imposição de mãos – força de Deus na luta contra as tentações (exorcismo); água – vida nova...

A estrutura da iniciação cristã fortalece a eclesialidade e valoriza a vida comunitária paroquial, como primeira dinamizadora e mãe de nossa fé.

> O RICA oferece uma proposta pastoral que vai ao encontro do que entendemos ser o maior desafio eclesial na atualidade: iniciar na fé e na vida comunitária eclesial, como momentos inseparáveis do único processo evangelizador, ou seja, transmitir a fé cristã e atrair para a vida em comunidade não são tarefas distintas.[1]

"O valor teológico e pastoral dos ritos visibilizam a progressiva evolução e crescimento da fé e da pertença à comunidade eclesial."[2] As celebrações são fáceis de acompanhar, podem ser adaptadas, interagem plenamente com o tempo litúrgico e com as celebrações eucarísticas dominicais, para as quais são convocados pais, padrinhos, introdutores, catequizandos, catequistas, sob a animação do pároco. Mesmo nas comunidades mais afastadas, muitas destas celebrações podem ser conduzidas pelos ministros não ordenados.

Bispo

É o primeiro responsável da iniciação e, portanto, é o animador e o regulador nato de todo o processo. Normalmente, cada diocese tem o seu diretório sacramental, promulgado pelo bispo, que trata das normas para a admissão aos sacramentos e, alguns deles, orientam os passos a serem dados na catequese. Este diretório é normativo para toda a diocese.

---

[1] REINERT, João Fernandes. *Paróquia e iniciação cristã*: a interdependência entre renovação paroquial e mistagogia catecumenal. São Paulo, Paulus, 2015, p. 65.
[2] Ibid., p. 66.

O acompanhamento da catequese pelo bispo se concretiza pelas ações da equipe diocesana de catequese, que naturalmente atua sob sua orientação e responsabilidade direta. Em muitas dioceses, algumas grandes celebrações de iniciação são presididas por ele. As convocatórias diocesanas garantem que atuamos em nome da Igreja e geram unidade e identidade. Estas deverão ter apreço e devida valorização do grupo de catequistas, que veem ali a manifestação da Igreja em torno daquele que tem a responsabilidade da unidade e do zelo da fé.

No estágio atual de implementação desta catequese, cabe ao bispo conscientizar e encorajar o presbitério nesta direção, como também estabelecer as normas sobre a aceitação dos candidatos, especialmente como proceder com os adultos em segunda união ou com os que querem casar proximamente e ainda são catecúmenos ou não completaram a iniciação.

Presbítero

O pároco há que iniciar um processo capaz de superar a visão antiga de preparação sacramental. Mais que se acomodar em celebrar os três sacramentos, o ministro ordenado se capacitará na metodologia do RICA: tempos, celebrações etc., para animar o processo da catequese de crianças, jovens e adultos e estimular suas celebrações, principalmente as de passagem.[3]

O papel do pároco se centrará muito mais na pedagogia celebrativa e na coerência do processo da iniciação em todas as suas etapas. Sua presença é fundamental, não somente nas celebrações de passagem, como também no processo de planejamento de toda a pastoral da iniciação, compreendendo a catequese por idades e a iniciação dos adultos. Estará atento especialmente para garantir a unidade do processo sacramental com as correspondentes catequeses.

Se, de fato, quer fazer de sua paróquia uma casa da iniciação à vida cristã, precisa empregar nas diversas formas de evangelização o anúncio urgente do querigma, como característica própria de seu ministério. Por

---

[3] Cf. LELO, Antonio Francisco. *A iniciação cristã*: catecumenato, dinâmica sacramental e testemunho. São Paulo, Paulinas, 2005. Id. *Catequese com estilo catecumenal*. São Paulo, Paulinas, 2009.

isso, tomará como ponto de partida as situações existenciais e de passagem: luto, doença, desencontro amoroso, desemprego, nascimentos... Buscará proclamar a Palavra de forma propositiva, como acontecimento salvífico atual e interpelante de conversão ao Reino, para aqueles que a escutam e querem aceitá-la.

Desenvolverá a espiritualidade do seguimento, inspirada na Palavra de Deus e celebrada na liturgia, o que implica ajudar os catequistas a elaborar itinerários de amadurecimento de fé com uma mentalidade progressiva na experimentação da vida cristã. Uma paróquia centrada no seguimento de Cristo não se distrairá facilmente com práticas devocionais, carismas midiáticos, curas, libertação de espíritos e louvores a toda hora. Construirá respostas amadurecidas de fé que resultem na adesão ao plano de Deus e no seguimento de Jesus até a cruz.

Recordará sempre os princípios de teologia litúrgica aplicados à celebração, para ajudar os catequistas a desenvolver a unidade entre catequese e liturgia; daí a necessidade de promover celebrações orantes, intensamente ligadas ao ano litúrgico.

Há que se assumir a pedagogia catecumenal como espiritualidade primeira de toda pastoral paroquial, porque é uma espiritualidade batismal-eucarística, centrada na Palavra e na celebração do Ano Litúrgico como comemoração do mistério de Cristo ao alcance de todo o povo de Deus. Portanto, indistintamente, todos os agentes desenvolverão estas dimensões como espiritualidade primeira de sua ação missionária.

Ministros da Palavra

Os ministros da Palavra possibilitam que aconteçam as celebrações do *Ritual de Iniciação Cristã de Adultos* mesmo naquelas comunidades que não podem contar com a presença constante do pároco ou de outro presbítero. Os ministros da Palavra, excetuando os sacramentos e de acordo com a provisão canônica diocesana, poderão presidir as celebrações previstas no RICA.

Família

Qualquer tipo de estruturação familiar não isenta os responsáveis de assumir e educar os catequizandos numa formação cristã e religiosa, que os ajude no sentido da transcendência, abrindo-lhes o caminho em direção à autêntica felicidade e vivência contínua do Reino de Deus revelado por Cristo.

Eis uma linha de renovação da iniciação cristã: investir e integrar a catequese familiar na catequese das diversas idades, como caminho natural de evangelização, a fim de desenvolver decididamente a catequese com as famílias dos catequizandos da Eucaristia e da Crisma; proteger e cuidar do catequizando em seu núcleo de crescimento e convivência; integrar as famílias no processo evangelizador, tornando-as participantes do processo e respeitando os diversos modelos de estruturação familiar; e valorizar a convivência familiar como lugar da revelação de Deus no cotidiano.

Cabe criar na família um ambiente animado pelo amor e pela piedade em direção a Deus e aos seres humanos, o qual favoreça a educação integral, pessoal e social dos filhos.

Introdutor

O RICA, n. 42, traça a figura do introdutor: "O candidato que solicita sua admissão entre os catecúmenos é acompanhado por um introdutor, homem ou mulher, que o conhece, ajuda e é testemunha dos seus costumes, fé e de seu desejo". Trata-se de um ministério que se parece ao do orientador espiritual, que escuta ativamente, sabe aconselhar, animar e, sobretudo, dá testemunho de vivência da fé.

O introdutor é alguém mais experiente na vida de fé que, partilhando a própria experiência com o candidato, vai ajudá-lo a estabelecer uma relação pessoal com Deus e a dar os primeiros passos na vida da comunidade. Será aquele amigo que conversará particularmente com o candidato, escutará sua história de vida, seus anseios e projetos; anunciará o querigma, auxiliará na sua descoberta pessoal da Boa-Nova e acompanhará seu processo de conversão e de crescimento de sua oração.

Introdutores e catequistas tudo farão para que os catequizandos sintam-se amados por Deus, acolhidos pela comunidade e motivados a iniciar o itinerário.

Possivelmente, será membro ativo de alguma pastoral. O grupo de introdutores se enriquece quando seus membros são participantes das diversas pastorais e movimentos paroquiais, visto que um dos objetivos do trabalho do introdutor é o estreitamento de laços do candidato com a comunidade, para dar-lhe maior segurança e força para o início de sua caminhada cristã.

Em qualquer situação, a evangelização deve acontecer num clima de acolhimento, com linguagem acessível e em tom coloquial, para que as pessoas sintam-se à vontade em participar. O acompanhamento espiritual dado pelos introdutores, no início da caminhada de fé, tem as seguintes finalidades:

- favorecer a atuação do Espírito Santo, que realiza a iniciação da pessoa na vida de Cristo e da Igreja;
- ajudar na compreensão do Evangelho e na adesão à Pessoa de Jesus Cristo;
- estimular a pessoa no processo de conversão e vivência do Evangelho;
- clarear, motivar e orientar a leitura bíblica e a oração pessoal.[4]

Padrinho

"O padrinho acompanha o candidato no dia da eleição, na celebração dos sacramentos e no tempo da mistagogia. É seu dever ensinar familiarmente ao catecúmeno como praticar o Evangelho em sua vida particular e social, auxiliá-lo nas dúvidas e inquietações, dar-lhe testemunho cristão e velar pelo progresso de sua vida batismal. Já designado antes da "eleição", a partir desse dia exerce publicamente sua função, dando testemunho acerca do candidato diante da comunidade. Sua função é igualmente importante quando o neófito, tendo recebido os sacramentos, precisa de auxílio para manter-se fiel às promessas do Batismo" (RICA, n. 43).

---

[4] Sobre o introdutor, transcrevemos: ARQUIDIOCESE DO RIO DE JANEIRO. *Diretório Arquidiocesano da Iniciação Cristã*. Rio de Janeiro, Ed. Nossa Senhora da Paz, 2008, nn. 10.22.119.120.124.125.

Vivência

[Em plenário, refletir em pequenos grupos.]

A catequese necessita de um catequista com ampla formação, capacitado para o diálogo entre fé e cultura. Mais do que nunca se impõe uma nova visão de formação dos leigos. Somente boa vontade e conhecimentos fragmentados não se sustentarão diante do desafio a ser enfrentado diante dos adultos.

É um verdadeiro ministério que requer investimento e tempo na preparação de leigos adultos. Há que se pleitear a formação sistemática dos catequistas. Estudo e tempo envolvem profissionalismo; são dois elementos que precisam ser redimensionados para que haja pessoas capacitadas para desenvolver uma missão que exige pedagogia, conhecimentos bíblicos e litúrgicos, além de vida eclesial e testemunho de fé.

Em que a ministerialidade catecumenal ilumina ou questiona a estrutura ministerial de sua paróquia?

Celebração

[Preparar círios enfeitados para oferecer a cada catequista.]

Dirigente: Em nome do Pai...

A graça de nosso Senhor Jesus Cristo, o amor do Pai e a comunhão do Espírito Santo estejam convosco!

Todos: O amor de Cristo nos uniu.

Dirigente: O cristão permanece atento para descobrir no desenrolar de sua história os sinais que revelam a presença de Deus em sua vida. O Senhor distribui dons diferentes a cada um; este é um sinal claro de que ele quer que os desenvolvamos para cumprirmos o seu desígnio sobre nós. Como catequistas, vamos dar conta dos dons que recebemos e que nem sempre colocamos em prática.

[O dirigente convida cada participante a reconhecer e a manifestar duas ou mais qualidades que possui e que precisam ser desenvolvidas.]

Canto penitencial

Dirigente: O Senhor esteja convosco!

Todos: Ele está no meio de nós.

Dirigente: Proclamação do Evangelho de Jesus Cristo segundo Mateus (25,14-30) – *Parábola dos talentos*.

[Durante a homilia, valorizar os dons de cada um, ressaltar nossa possibilidade de crescimento pessoal e a necessidade da formação permanente. Depois, se possível, deixar o ambiente à meia-luz, e um catequista acende um círio grande, enquanto cantasse: "Ó luz do Senhor".]

Dirigente: Nossos dons refletem a luz do Senhor. Diz-nos o apóstolo Paulo: "Vós todos sois o corpo de Cristo e, individualmente, sois membros desse corpo. Assim, na Igreja, Deus estabeleceu, primeiro, os apóstolos; segundo, os profetas; terceiro, os que ensinam; depois, dons diversos: milagres, cura, beneficência, administração, diversidade de línguas" (1Cor 12,27-28).

Leitor 1: Jesus nos alerta: "Vós sois a luz do mundo. Uma cidade construída sobre a montanha não fica escondida. Não se acende uma lâmpada para colocá-la debaixo de uma caixa, mas sim no candelabro, onde ela brilha para todos os que estão em casa. Assim também brilhe a vossa luz diante das pessoas, para que vejam as vossas boas obras e louvem o vosso Pai que está nos céus" (Mt 5,14-16).

[O dirigente acende e entrega um círio ao catequista, dizendo:]

Dirigente: Receba a luz de Cristo para iluminar a vida de muitas pessoas.

Canto: "Ó luz do Senhor".

Preces

Dirigente: Oremos para que a luz de Cristo permaneça em nós e, assim, possamos dar testemunho do Evangelho por uma vida santa.

Todos: Senhor, atendei a nossa prece.

[Em seis coros, e todos repetem o refrão.]

1. Para que Deus dissipe as trevas e sua luz brilhe em nossos corações e de nossos catequizandos, roguemos ao Senhor.

2. Para que o Pai conduza os catequistas a seu Cristo, luz do mundo, roguemos ao Senhor.

3. Para que Deus abra nosso coração, e, assim, proclamemos nossa fé no Senhor da luz e fonte da verdade, roguemos ao Senhor.

4. Para que Deus nos preserve da incredulidade deste mundo, roguemos ao Senhor.

5. Para que, iluminados pelo Espírito Santo, sempre proclamemos e comuniquemos aos outros o Evangelho da salvação, roguemos ao Senhor.

6. Para que todos nós, pelo exemplo de nossa vida, sejamos em Cristo luz do mundo, roguemos ao Senhor.

[Apagam-se os círios.]

Dirigente: Pai nosso...

[Bênção final.]

13 Mapear a realidade

Vamos superar modelos que escolarizam nossas catequeses e as transformam em apenas mais uma das muitas atividades presentes na rotina das pessoas.[1]

Preparando o ambiente

Com a finalidade de criar um clima favorável que desperte a necessidade de rever as práticas da comunidade, pode-se projetar fotos dos vários momentos e atividades da catequese paroquial ou diocesana.

Espiritualidade

Dirigente: Iniciemos agradecendo a Deus pela vocação assumida.

Todos: Pai de infinita bondade, grande é a minha alegria por realizar, acima de tudo, a tua vontade. Sei que desde o ventre de minha mãe o Senhor me consagrou para ser enviado e fazer discípulos aonde quer que eu vá.

Creio na tua imensa glória e agradeço por tudo que realizas em minha vida. Sou pequeno diante de tudo o que fazes para mim, mas sei também quão grande é a tua força para me fazer cumprir o que me pedes.

Dirigente: Meditemos a Palavra de Deus e identifiquemos os elementos que nos ajudam a compreender a essência do jeito de fazer catequese segundo as experiências do povo de Deus.

---

[1] Este capítulo é uma gentil colaboração da autora Erenice Jesus de Souza.

Leitor: Leitura do livro do Deuteronômio 6,4-9 – *"Ouve, ó Israel! O Senhor, nosso Deus, é o único Senhor".*

[O dirigente conduz a interiorização e reflexão sobre o texto.]

Dirigente: O que diz o texto?

O que o texto diz para mim?

O que o texto me leva a dizer a Deus?

Qual meu novo olhar a partir da Palavra?

[Por fim, dirigente conclui a reflexão com a oração do Pai-Nosso].

Para refletir

Até aqui apresentamos os fundamentos que orientam o processo de iniciação à vida cristã com inspiração catecumenal. A partir da compreensão destes princípios será possível *organizar uma metodologia de trabalho para melhor atender a necessidades identificadas.* Vamos mapear tais necessidades para o catequista se orientar quanto à realidade na qual se encontra e para os interlocutores do processo compreender as atitudes a serem desenvolvidas.

Importa identificar os elementos que compõem o planejamento, a fim de garantir o efetivo envolvimento dos interlocutores e a apropriação das ações a serem posteriormente desenvolvidas: *a formação da equipe de IVC, a prioridade dos adultos, a orientação do Plano de formação dos catequistas e a elaboração do Projeto Catequético.*

Apresentamos uma lista de itens que servirão como indicadores tanto das conquistas realizadas quanto dos desafios a serem superados. O melhor mesmo é fazer este exercício em pequenos grupos, com o objetivo de comentar as diversas alternativas e escolher aquela ou aquelas que mais refletem a sua realidade, para depois comentar no plenário dos grupos.

a) Sobre a estrutura da catequese:

( ) Um modelo no qual Batismo, Eucaristia e Crisma se organizam enquanto pastorais independentes. O cristão é preparado para a recepção dos sacramentos a partir das orientações do calendário do ano civil.

( ) Um modelo orante, vivencial e celebrativo que se inspira no estilo catecumenal de iniciação à vida cristã. Prima pela unidade sacramental e é planejado a partir das orientações do ano litúrgico.

b) Sobre o ambiente:

( ) Realizamos encontros catequéticos em ambiente rural.
( ) Realizamos encontros catequéticos em ambiente urbano.
( ) Realizamos encontros catequéticos em áreas isoladas.
( ) Realizamos encontros catequéticos em áreas de conflito.

c) Sobre os interlocutores (uma catequese conforme as idades):

( ) Realizamos encontros catequéticos com adultos.
( ) Realizamos encontros catequéticos com idosos.
( ) Realizamos encontros catequéticos com crianças.
( ) Realizamos encontros catequéticos com adolescentes.
( ) Realizamos encontros catequéticos com jovens.
( ) Realizamos encontros catequéticos junto à pessoa com deficiência.
( ) Realizamos encontros catequéticos na diversidade: grupos indígenas, afro-brasileiros, asiáticos, ciganos, entre outros.
( ) Realizamos encontros catequéticos junto aos marginalizados e excluídos.
( ) Realizamos encontros catequéticos junto à pessoa em situação canonicamente irregular.
( ) Realizamos encontros catequéticos junto a grupos diferenciados: universitários, migrantes, profissionais liberais, populações ribeirinhas, entre outros.

d) Sobre os protagonistas:

Comunidade

( ) São lhe comunicadas as decisões, seja por meio de jornal, informativo, mural, revista, seja no momento dos avisos durante as celebrações.

( ) Além de lhe serem comunicadas as decisões, são promovidos momentos formativos e celebrativos para uma melhor compreensão do processo.

Família

( ) São lhe comunicadas as decisões, seja por meio de jornal, informativo, mural, revista, seja no momento dos avisos durante as celebrações.

( ) Participam de encontros específicos, por exemplo, reuniões de pais.

( ) Além de lhe serem comunicadas as decisões e de participarem dos encontros, são promovidos momentos formativos e celebrativos para uma melhor compreensão do processo. Há, para tanto, um planejamento em vista da iniciação da família à vida cristã.

Catequistas

( ) Contam com uma coordenação específica.

( ) Participam de encontros para o planejamento catequético.

( ) Participam de encontros formativos durante períodos específicos (mensalmente, bimestralmente, semestralmente).

( ) Participam de encontros formativos oferecidos por outras instituições.

Religiosos e religiosas

( ) Atuam como catequistas.

( ) Atuam junto à equipe de coordenação catequética, auxiliando os catequistas no processo de formação.

( ) Não há religiosos/religiosas que atuam diretamente na catequese.

Presbíteros e diáconos

( ) Acompanham o processo de planejamento.

( ) Atuam diretamente na formação dos catequistas.

Bispos

( ) Acompanham o processo de planejamento.

( ) Atuam na formação dos catequistas por meio da equipe diocesana de catequese.

e) Sobre o planejamento da ação catequética:

( ) Existe um planejamento que orienta as ações pastorais.

( ) Contempla a apresentação das orientações gerais da Igreja para que todos os envolvidos possam ter clareza dos fundamentos e dos objetivos a serem alcançados.

( ) Contempla a realização de encontros formativos para os catequistas.

( ) Contempla a realização de retiros, visitas, entre outras atividades.

( ) Contempla a descrição dos recursos (materiais, financeiros, humanos).

f) Sobre o desenvolvimento do itinerário catequético:

( ) Encontra-se organizado a partir das orientações do processo de iniciação à vida cristã (com tempos/etapas e celebrações específicas).

( ) Contempla os temas/unidades temáticas a serem desenvolvidos.

( ) Contempla o roteiro dos encontros.

( ) Contempla o roteiro das celebrações.

Vivência

Pela fé fomos iniciados à vida cristã. Dizer sim ao projeto de vida que Deus nos confiou, de nos tornarmos seus filhos, não é tarefa fácil. As pessoas nos revelam o quanto esta atitude se tornou decisiva, capaz de transformar profundamente suas vidas.

> A minha vida cristã começou em casa com meus pais, que, mesmo sendo leigos, com pouco conhecimento na escrita e na leitura, mesmo sem Bíblia, tinham o temor de Deus. Eles ensinavam a mim e a meus 11 irmãos a rezarmos o Pai-Nosso, a Ave-Maria e o Santo Anjo do Senhor na hora das principais

refeições e antes de dormirmos. Lembro-me de que na Quaresma pouco conversávamos e na Semana Santa não ligávamos o rádio e tínhamos que tomar a bênção das pessoas mais velhas. Para a igreja quem nos levava era nossa avó, para participarmos nas festas dos padroeiros do local onde morávamos. Aos 8 anos de idade fiz minha Primeira Eucaristia, e este foi um dos dias mais felizes da minha vida. Chorei de felicidade (Magnólia – BA).

E você, como foi iniciado na vida cristã? Quem foi ou quais foram as pessoas que lhe apresentaram Jesus Cristo e o que elas fizeram que marcou tanto a sua vida, dando-lhe o exemplo/testemunho?

[Dirigente convida os participantes a apresentarem o seu testemunho.]

Quando nos lembramos das pessoas que nos iniciaram na fé, reconhecemos o valor da presença delas em nossas vidas, pessoas que na sua simplicidade e com a sua sabedoria nos transmitiram valores fundamentais para a formação da nossa identidade cristã. Foram familiares, amigos, membros da comunidade, sacerdotes e até mesmo pessoas desconhecidas, que manifestaram ao seu modo um jeito de ser que nos inspirou no seguimento a Jesus Cristo, tornando cada vez mais forte a nossa fé: *Eu creio, mas aumentai a minha fé!*

Necessitamos resgatar a importância do quanto a nossa própria história diz sobre o modo de educar na fé, de iniciar crianças, jovens e adultos na vida cristã. Faça memória das experiências de fé de sua vida. Converse um pouco sobre isso com seus companheiros.

A lembrança dos fatos nos revela elementos que precisam ser colocados em prática e outros a serem urgentemente superados, de acordo com os desafios do nosso tempo. De acordo com este quadro, o que você destacaria?

O que precisa ser resgatado na catequese.	O que precisa ser superado na catequese.	O que precisa ser colocado em prática na catequese.

Celebração

Dirigente: Meditemos a Palavra de Deus presente em At 2,42-47 – *"Eram perseverantes em ouvir o ensinamento dos apóstolos"*.

O que diz o texto?

O que o texto diz para mim?

O que o texto me leva a dizer a Deus?

Qual meu novo olhar a partir da Palavra?

Iluminados pela Palavra por meio da metodologia dos passos da *Leitura Orante*, indicamos a apreciação da canção *Missão de profeta*.[2] Nela podemos resgatar a formação do catequista cada vez mais orante, vivencial e celebrativa.

Oremos.

Concedei-me, Senhor, o dom da sabedoria que provém do vosso Santo Espírito. Dai-me o entendimento de vossa verdade para que eu possa vivê-la e comunicá-la a tantas pessoas que desejam conhecê-la. Iluminai-me com a luz da verdadeira fé para que eu possa transmiti-la aos corações sedentos de autenticidade. Jesus, Mestre Divino, que formaste os apóstolos segundo os princípios do vosso Evangelho, conduzi-me sempre pelos caminhos da vossa verdadeira ciência. Ajudai-me, Senhor, a assumir o compromisso de minha missão de catequista e fazei que eu me torne capaz de orientar muitos outros nos caminhos da verdadeira felicidade. Que eu me deixe envolver profundamente pelo amor do Pai e possa comunicar esse amor aos meus irmãos e irmãs. Amém!

---

[2] Pe. Fábio de Melo. CD: 12236-0 – *De Deus um cantador*. Paulinas, COMEP, 1997. Faixa 3.

14 Planejamento geral da catequese

A formação do catequista não se reduz a fazer cursos, mas tem o seu lugar ao planejar e percorrer um caminho formativo para o exercício deste ministério na comunidade.

Preparando o ambiente

Preparar uma travessa com grãos.

Espiritualidade

Dirigente: Planejar leva o grupo a pensar um caminho para alcançar determinado objetivo. Juntos somos mais fortes. Planejar nos devolve a esperança de desejar resultados melhores sobre o que foi pensado. Traçamos o caminho segundo as nossas forças, mas Deus fecundará com o Espírito de sua graça o que nem sonhamos alcançar. Ele é o Senhor da messe, ele que semeia e planta. Somos apenas trabalhadores da vinha. Invoquemos o Espírito Santo para que nos transforme interiormente e renove todas as coisas.

Todos: Vinde, Espírito Santo...

Dirigente: Ó Deus, que pela luz do Espírito Santo instruístes o coração dos vossos fiéis, fazei que apreciemos retamente todas as coisas, segundo o mesmo Espírito, e gozemos sempre de sua consolação. Por Cristo, nosso Senhor.

Todos: Amém!

Dirigente: Maria, Esposa do Espírito Santo e fiel discípula do Senhor.

Todos: Rogai por nós!

Para refletir

A catequese com estilo catecumenal reclama uma configuração eclesial condizente com sua riqueza teológica e envergadura pastoral. Por exemplo, as categorias do pré-catecumenato como acolhida, encontro, saída, convite, anúncio devem fazer parte permanente da agenda paroquial. A centralidade da Palavra no catecumenato corresponderá à animação bíblica de todas as pastorais, destacando-se os círculos bíblicos, a leitura orante, as comunidades eclesiais de base etc., e a mistagogia priorizará uma espiritualidade centrada na celebração do mistério de Cristo, sem se dispersar numa pastoral calcada em devoções e milagres.

Dessa forma, uma paróquia se torna casa da iniciação à medida seus agentes tomam parte nessa espiritualidade e se sintam iniciadores de seus novos membros. O caminho a ser percorrido é de mão dupla. O investimento na pedagogia catecumenal – querigma, discipulado, mistagogia, centralidade pascal etc. – modifica a vida da comunidade e a enriquece; e à medida que ela se revitaliza, torna-se sempre mais propensa a ser casa de iniciação à vida cristã.

Portanto, não somente os catequistas, mas, indistintamente, todos os agentes desenvolverão estas dimensões como espiritualidade primeira de sua ação missionária, pois se trata dos elementos fundamentais da fé cristã.

Com este novo olhar, damos o passo de planejar de forma mais ampla a iniciação cristã, envolvendo os interlocutores do processo.

Formação da equipe paroquial de iniciação à vida cristã

A unidade e a mútua relação pascal dos três sacramentos conduzem à constituição da equipe paroquial de iniciação à vida cristã, formada por representantes da catequese em suas várias dimensões: Batismo de crianças, iniciação dos pequeninos/catequese infantil, iniciação à Eucaristia, catequese com adolescentes, catecumenato crismal, catequese com adultos. Outras pastorais e movimentos poderão integrar esta equipe, tendo em vista a articulação da ação pastoral, dentre as quais se destacam a Pastoral da Juventude e a Pastoral Familiar. Vivemos um tempo no qual precisamos contar com a ajuda de todos para que o processo de evangelização e de iniciação à vida cristã aconteça. A integração destes agentes colabora com a mentalidade de unir e articular as atividades do processo para alcançar o objetivo comum: a formação da identidade cristã.

Outra consequência da centralidade pascal é que todo o processo converge para a intensa celebração do ciclo pascal: Quaresma, Tríduo e Tempo Pascal; por isso, a catequese buscará dinamizar a vivência espiritual do ciclo pascal com os vários grupos e adequar-se ao ano litúrgico, e não ao ano civil escolar.

Num segundo momento, cada grupo de catequistas estabelecerá o planejamento e o itinerário catequético de sua faixa etária e refletirá o que lhe é próprio: pedagogia, calendário etc.

A prioridade dos adultos

Implica o cuidado e a organização do catecumenato de adultos para os não batizados e para aqueles que não completaram a iniciação ou que querem ser evangelizados. O ideal é que cada comunidade tenha seu grupo de adultos em processo catecumenal.

Outra vertente desta prioridade é considerar os pais ou responsáveis de crianças e jovens catequizandos como destinatários da iniciação à vida cristã. A parceria do grupo de catequistas com as famílias visa superar a contradição de os responsáveis proporem aos filhos aquilo que não vivem. Hoje se insiste muito na educação da fé de toda a família. Pais e comunidade de fé é que educam. Por isso, os encontros dos catequizandos deverão também ser partilhados e aprofundados em casa. Trata-se não apenas de uma lição a mais, ou de um conteúdo aprendido, mas muito mais de um processo a ser interiorizado e testemunhado pelas famílias; por essa razão, é preciso torná-las participantes para integrá-las no processo evangelizador.

Plano de formação dos catequistas

É essencial pensar a formação conjunta dos envolvidos na ação pastoral da iniciação à vida cristã. Em um primeiro momento, trata-se de um plano que possibilite o crescimento no ministério pautado no *ser, saber e saber fazer* de seus protagonistas.

Em um segundo momento, este plano busca aprofundar permanentemente as dimensões bíblica, litúrgica e catequética – indispensáveis à formação de seus protagonistas – e apresentar o modo de envolver e evangelizar as famílias e a própria comunidade nas várias fases do processo.

Dimensão bíblica: "A formação bíblica deve ser gradual, cuidadosa, para que se possa passar a uma leitura mais adequada, de modo construtivo. Um caminho a ser seguido seria proporcionar uma experiência de comunidade ou grupo acolhedor, em que se pratique uma leitura bíblica serena, orante, viva e respeitosa. Para que em verdade o povo conheça Cristo a fundo e o siga fielmente, ele deve ser conduzido especialmente na leitura e meditação da Palavra de Deus, que é o primeiro fundamento de uma catequese permanente" (*Diretório Nacional de Catequese*, n. 114).
Atenção especial: metodologia da Leitura Orante da Bíblia; acolhida e proclamação da Palavra.
Desafios: pessoas que não têm Bíblia, que não sabem ler, que não interpretam o que leem.
Dimensão litúrgica: Trata-se de uma experiência que introduz o cristão numa profunda e feliz celebração dos sacramentos, com toda a riqueza de seus sinais. Desse modo, a vida vem se transformando progressivamente pelos santos mistérios que se celebram, capacitando o cristão a transformar o mundo. Isto é o que se chama "catequese mistagógica" (*Documento de Aparecida*, n. 290).
Atenção especial: à realização das celebrações que marcam o processo da iniciação à vida cristã.
Desafios: espiritualidade vulnerável; falta a compreensão dos gestos e símbolos, de vivência simbólica e da própria organização de um planejamento celebrativo.

Dimensão catequética: A catequese não deve ser só ocasional, reduzida a momentos prévios aos sacramentos ou à iniciação cristã, mas sim "itinerário catequético permanente" (*Documento de Aparecida*, n. 298). A catequese não pode se limitar a uma formação meramente doutrinal, mas precisa ser uma verdadeira escola de formação integral (idem, n. 299). Trata-se de um caminho educativo que leva a nos assemelharmos cada vez mais a Jesus Cristo, provoca a apropriação progressiva de suas atitudes (idem, n. 300). Desafios: Planejamento do itinerário catequético, definição do roteiro dos encontros e das celebrações, envolvimento das famílias.

Família, primeira catequista: "A Igreja é chamada a colaborar com uma ação pastoral adequada, para que os próprios pais possam cumprir a sua missão educativa; e sempre deve fazê-lo ajudando-os a valorizar a sua função específica e reconhecendo que os que recebem o sacramento do Matrimônio são transformados em verdadeiros ministros educativos, pois, quando formam seus filhos, edificam a Igreja e, ao fazê-lo, aceitam uma vocação que Deus lhes propõe".[1]

Vivência

Note bem: estes temas já apareceram nos primeiros encontros; agora, porém, eles provocam consequências que incidem sobre nossa prática catequética.

Aprofundar em grupos como as dimensões acima podem ser colocadas em prática em sua paróquia/comunidade. O que pode ser feito pelo grupo de catequistas e especificamente por você.

---

[1] FRANCISCO I. *Exortação apostólica sobre o amor na família*. São Paulo, Paulinas, 2016, n. 85.

Celebração

Comentarista: Preparar o terreno, plantar as sementes, regar, tirar os matos, proteger as plantas das intempéries, esperar crescer, aguardar os frutos e colhê-los são as etapas de um longo processo que a natureza nos ensina para obtermos o resultado pretendido. Por isso, é preciso ter a paciência do agricultor e o respeito pelo tempo para estabelecer as etapas do processo e percorrer o caminho de formação da fé.

Dirigente: Em nome do Pai...

A graça de nosso Senhor Jesus Cristo, o amor do Pai e a comunhão do Espírito Santo estejam convosco!

Todos: O amor de Cristo nos uniu.

Dirigente: A iniciação requer tempo para assimilar a Palavra confrontada com as experiências de vida. Todo o processo estará pendente da conversão de quem acolhe a Palavra; no entanto, a ação de Deus é cuidadosa.

Leitor: Leitura do livro do profeta Isaías 5,1-7 – *Cântico da vinha*.

> [Repetir pausadamente alguns versículos. Comentar com a participação do grupo: quais foram os cuidados de Deus para com a vinha; quem é a vinha; o que ela produziu? O texto abaixo ajudará a compreensão desta passagem.]

Um dos textos mais populares da literatura profética era o cântico da vinha, alegoria do profeta Isaías sobre a ingratidão da vinha escolhida por Deus, rodeada por ele com todos os cuidados possíveis e que, contudo, não produziu frutos. Ele preparou a terra, plantou mudas selecionadas, deu-lhe proteção permanente com vigias, construindo uma torre; evitou que as uvas se estragassem, fazendo um tanque de amassar uvas. Esses cuidados fizeram dela uma vinha preciosa. Contudo, a vinha não correspondeu às expectativas de seu proprietário.

A vinha é Israel e Judá, a totalidade do povo de Deus que, em vez de produzir a justiça – o bem que Deus deseja para todos –, institucionalizou o derramamento de sangue e a opressão. Que expectativas não foram correspondidas? A vinha não produz os frutos esperados, e o povo não realiza obras que agradam a Deus, especificamente a justiça e o direito.[2]

Dirigente: O Senhor esteja convosco!

Todos: Ele está no meio de nós.

Dirigente: Proclamação do Evangelho de Jesus Cristo segundo Lucas 13,6-9 – *A figueira estéril*.

Todos: Glória a vós, Senhor!

[Dirigente faz a homilia inspirado no texto abaixo.]

Dirigente: Comparem estas duas parábolas com o processo do planejamento. A importância de ouvir a Palavra de Deus, converter-se e, consequentemente, "dar frutos" é desenvolvida tanto na mensagem de João Batista (Lc 3,7-9) como no ensinamento de Jesus (Lc 6,43-45; parábola do semeador: 8,4-15). A figueira da parábola deve morrer porque é improdutiva e parasita. Porém, com Jesus ainda há um tempo aberto à graça divina, e nele a conversão é imperiosa e a esterilidade é reversível (Lc 1,36-37).

Então, elevemos nossas preces ao Senhor, para que, em sua misericórdia, nos ensine a preparar o solo, a regar e a ter paciência de respeitar o tempo de cada catequizando.

1) Para que o anúncio do Evangelho se intensifique no mundo inteiro e as sementes do Reino possam brotar, dando frutos de cessar o terrorismo, de punir a corrupção e de reforçar a democracia, rezemos.

2) Para que a luz do Evangelho e o entusiasmo vindo do Espírito Santo fortaleçam o testemunho de nossa comunidade e suscitem pessoas comprometidas com o Reino, rezemos.

3) Por todos aqueles que sofrem e passam por dificuldades, que a confiança no Senhor os possa guiar e a nossa solicitude não lhes seja omissa, rezemos.

---

[2] Cf. ANDRADE, Aíla Luzia Pinheiro. Disponível em: <http://www.padrefelix.com.br/aa_27_dtc_bl_1.htm>. Acesso em: 06/07/2016.

4) Pelos nossos catequizandos para que possam aderir ao Evangelho, qual terreno bom, que faz a semente crescer e produzir frutos de justiça e de fé, rezemos.

Todos: Pai nosso...

Dirigente: Oremos.

Ó Deus, nosso Pai e Senhor da colheita, vede nossos esforços em nos preparar para a missão. Ensinai-nos a ter o coração misericordioso como o vosso, a saber acompanhar a conversão de nossos catequizandos e a nunca desanimar da missão de anunciar o Reino e de buscar os frutos da justiça e do direito do mais fraco. Por N.S.J.C....

Dirigente: O Senhor esteja convosco!

Todos: Ele está no meio de nós!

Dirigente: Abençoe-nos o Deus todo-poderoso...

15 Planejamento do itinerário

Quanto maior for a visão do catequista sobre a amplitude da iniciação cristã, seus objetivos e metodologia, tanto mais saberá encontrar elementos práticos para viabilizar o estilo catecumenal.

Preparando o ambiente

Apresentar o cartaz do ano litúrgico, os quatro itinerários da CNBB e os livros catequéticos adotados pelas comunidades dos catequistas.

Espiritualidade

Oração do catequista

Concedei-me, Senhor, o dom da sabedoria que provém do vosso Santo Espírito.

Dai-me o entendimento de vossa verdade, para que eu possa vivê-la e comunicá-la a tantas pessoas que desejam conhecê-la.

Iluminai-me com a luz da verdadeira fé para que eu possa transmiti-la aos corações sedentos de autenticidade.

Jesus, Mestre Divino, que formastes os apóstolos segundo os princípios do vosso Evangelho, conduzi-me sempre pelos caminhos de vossa verdadeira ciência.

Ajudai-me, Senhor, a assumir o compromisso de minha missão de catequista e fazei que eu me torne capaz de orientar muitos outros no caminho da verdadeira felicidade.

Que eu me deixe envolver profundamente pelo Amor do Pai e possa comunicar esse amor aos meus irmãos e irmãs.

Amém.[1]

Para refletir

[Os catequistas poderão reunir-se em grupos de acordo com a faixa etária de seus catequizandos.]

Neste encontro, a atenção se volta à organização do itinerário próprio a ser desenvolvido em cada uma das etapas do processo. O itinerário de cada etapa engloba: o roteiro adequado dos temas a serem desenvolvidos; a duração do tempo; a forma como serão realizadas as inscrições; o início dos encontros; a celebração dos ritos próprios da iniciação cristã e a celebração do sacramento; o acompanhamento após a recepção do sacramento, uma vez que se busca garantir a progressividade como elemento característico do caminho da iniciação.

Lembre-se: Por meio de uma comunhão cada vez maior com o mistério pascal e ao descobrir novos valores dados pelo anúncio da fé, a pessoa é capaz de incorporá-los, fazê-los seus, a ponto de *ressignificar* sua vida, mudar seu modo de ser e de existir no mundo.

Base comum

Apresentamos a definição dos elementos que constituem uma *base comum* sobre a qual todo itinerário da iniciação à vida cristã pode ser estruturado, ou seja, comum a todas as etapas do processo.

---

[1] Disponível em: <http://www.universocatolico.com.br/index.php?/oracoes-do-catequista.html>. Acesso em: 12/07/2016.

Paróquia: _____

Comunidade: _____

1. ESTRUTURA DA CATEQUESE NA PARÓQUIA: É fundamental aprofundar o conhecimento das características psicológicas da idade e as condições sociais dos seus destinatários.

( ) Batismo – preparação de pais e padrinhos

( ) Iniciação dos pequeninos/Catequese infantil

( ) Iniciação à Eucaristia

( ) Catequese com adolescentes/Perseverança

( ) Catecumenato crismal

( ) Catequese com adultos

2. DURAÇÃO: A programação das datas possibilita integrar as dimensões da vida comunitária e do Ano Litúrgico com as necessidades da catequese propriamente dita, o que evita contratempos e improvisos. Planejar e programar não significam escolarizar a catequese, mas sim dar rumo e direção à caminhada.

( ) ___ meses

( ) ___ anos

( ) ___ anos ___ meses

3. PROCESSO DAS INSCRIÇÕES

Divulgação

( ) Realizada por meio de mural informativo, jornal, revista, entre outros meios de comunicação.

( ) Realizada nas missas.

( ) Realizada em escolas e estabelecimentos comerciais da região.

( ) Realizada por meio de visitas às casas.

Inscrições

( ) São realizadas pelos catequistas em datas específicas, no intervalo das missas na paróquia/comunidade.

( ) São realizadas na secretaria paroquial.

( ) São realizadas a partir de visitas às casas.

Ficha de inscrição

( ) Uma ficha específica é elaborada pela equipe.

( ) Não existe uma ficha específica de inscrição.

Acompanhamento

( ) Realizadas as inscrições, as fichas são direcionadas para outros trabalhos pastorais, a fim de que eles possam desenvolver atividades envolvendo os catequizandos e suas famílias.

( ) As fichas são utilizadas somente pela Pastoral Catequética.

4. CELEBRAÇÕES

Ritos próprios da iniciação cristã:

( ) Celebração de entrada/Início da catequese

( ) Entrega do Símbolo Apostólico

( ) Entrega do Pai-Nosso

( ) Exorcismos menores

( ) Bênçãos

( ) Rito do *Effathá*

( ) Celebração de eleição/inscrição do nome

( ) Celebração dos escrutínios

( ) Celebração penitencial

Celebração dos sacramentos

( ) Tempo Pascal

( ) Tempo Comum

Planejar o itinerário

Concretizada a definição da *Base Comum*, chega o momento de a equipe de catequistas se reunir de acordo com seus respectivos destinatários para *planejar os objetivos, definir o temário e programar as atividades* em vista de planejar um itinerário bem estruturado, de acordo com a catequese assumida na paróquia. Quanto maior for a visão do grupo sobre a amplitude da iniciação cristã, de seus objetivos e metodologia, tanto mais saberá encontrar elementos práticos para viabilizar o estilo catecumenal.

Os quatro tempos do Batismo de adultos promovem a progressividade de assimilação do mistério de Cristo, seja ele de caráter mais experiencial, como acontece com o anúncio querigmático, seja no tempo mais prolongado do seguimento, seja durante a celebração dos ritos litúrgicos. Em se tratando da inspiração catecumenal, esses quatro tempos oferecem a característica principal dos quatro eixos temáticos correspondentes e interagem com as celebrações de passagem de um tempo a outro, garantindo, assim, a progressividade.

Por isso, é preciso planejar a catequese em graus sucessivos, redimensionando o objetivo geral e os específicos para cada tempo ou idade e estabelecer um temário próprio de educação da fé a cada fase.

A Comissão Episcopal Pastoral para a Animação Bíblico-catequética[2] apresenta quatro propostas para diferentes destinatários. O processo do planejamento favorecerá para que, aos poucos, todos os envolvidos adquiram familiaridade com os tempos da iniciação, as celebrações de passagem, e como isto se ajeitará no conjunto da vida paroquial.

---

[2] COMISSÃO EPISCOPAL PASTORAL PARA A ANIMAÇÃO BÍBLICO-CATEQUÉTICA. *Itinerário catequético*: iniciação à vida cristã – um processo de inspiração catecumenal. Brasília, Ed. CNBB, 2014, pp. 70-96.

Em forma de planilhas específicas, segundo a faixa etária do grupo em questão, dá-se o passo de estabelecer o itinerário catequético. É a hora de colocar em prática os três métodos (querigmático, discipular e mistagógico) e as principais características do processo catecumenal estudados anteriormente.

Catequese de:		
Objetivo	Temário	Atividades

Outro ponto a ser tratado é a escolha ou não de um livro específico. Em caso positivo, a equipe permanecerá atenta às propostas de como este livro evidencia o estilo catecumenal no itinerário catequético, principalmente, no que diz respeito aos objetivos e à divisão das unidades, e como aparecem o querigma e a ligação entre o anúncio e a liturgia.

Em se tratando de crianças, adolescentes e jovens, deve-se optar e concretizar a metodologia de trabalho com as famílias, a fim de integrar com harmonia tais atividades ao itinerário com os catequizandos. Neste campo, há várias modalidades: pais e responsáveis se reúnem antes de começar o período de catequese dos filhos, ou se reúnem ao mesmo tempo e em lugar diferente dos filhos, ou, ainda, mensalmente, os catequistas reúnem os responsáveis e lhes entregam a tarefa de realizarem quatro encontros com os filhos em casa. O importante é preparar o itinerário com reuniões próprias para os pais, valorizar a convivência familiar como lugar da revelação de Deus no cotidiano e proporcionar encontros familiares nos quais se construa a experiência de Deus.

Vivência

Os catequistas conversam sobre as dificuldades encontradas para estabelecer o itinerário catecumenal com seu grupo. O grupo procure avaliar os ganhos e os desafios da pedagogia catecumenal: catequese mais experiencial, encontro com Jesus Cristo, seguimento, maior unidade entre catequese e liturgia, centralidade pascal... Como também as opções de trabalho com a família dos catequizandos.

No caso de terem adotado um livro, proceda a uma avaliação das propostas e limites do mesmo.

Celebração

Comentarista: Para bem planejar precisamos formar um grupo bem unido! Um grupo que saiba dialogar, ajudar-se, perdoar e empenhar-se na missão do anúncio. Peçamos forças ao Senhor para prosseguirmos em nossa missão.

Dirigente: Senhor Jesus, Evangelho do Pai, dai aos catequistas e a cada um de nós um coração eclesial e missionário. Que por meio deles possais abrir espaços de amor, justiça e paz até os confins da terra (At 1,8). A vós vos pedimos:

Todos: Dai-me, Senhor, um coração missionário, que saiba sentir a realidade e interpretar os sinais dos tempos.

Leitor 1. Dai-me, Senhor, um coração missionário, que trabalhe apaixonadamente para acolher o Reino de Deus: entre as pessoas; situações e ambientes; Igrejas e religiões; raças e culturas; povos e nações.

Leitor 2. Dai-me, Senhor, um coração missionário, que saiba ouvir o clamor do povo e trabalhar junto com os mais pobres por trabalho digno e salário justo, comida, saúde e alegria, terra e casa, justiça, paz e pão, vida e esperança, igualdade, carinho e amor. Apesar de nossas limitações, enviai-nos a vossa Palavra e nos torneis missionários e profetas do Reino. Amém.

Dirigente: Ser missionário é ser pessoa alegre. A alegria do Evangelho enche o coração e a vida inteira daqueles que se encontram com Jesus. "Alegrai-vos sempre no Senhor, repito, alegrai-vos" (Fl 4,4); esta realidade deverá ser o propósito em nossos corações por sermos missionários da salvação, da justiça e do amor aos pobres.

Todos: Reaviva em nós, Senhor, o dom da alegria para anunciarmos jubilosos o Evangelho da vida.

16. Pedagogia do encontro

O método da catequese é fundamentalmente o caminho do seguimento de Jesus (cf. Mt 16,24; Lc 9,23; Jo 14,6).

Preparando o ambiente

Preparar o ambiente com símbolos que lembrem a missão: caminho com flores, pedras e espinhos; figuras de pés, cruz grande, Bíblia e o ícone da Mãe de Deus. Isto será muito útil na celebração deste encontro.

Espiritualidade

[Em forma de ofício divino.]

Dirigente: Pelo sinal da santa cruz, livrai-nos Deus, nosso Senhor, dos nossos inimigos. Em nome do Pai, do Filho e do Espírito Santo. Amém.

Abertura

Dirigente: Estes lábios meus vem abrir, Senhor, cante esta minha boca sempre o teu louvor!

Venham, adoremos, Cristo ressurgiu! A criação inteira, o Senhor remiu.

Venham, canto novo ao Senhor cantar, seu nome, ó terra inteira, venham celebrar!

143

Dia após dia, cantem sua vitória, proclamem entre os povos todos sua glória!

Nada são os grandes, tudo é ilusão. Quem fez os céus merece louvação.

Em seu santuário só se vê beleza, tragam-lhe oferendas de nossa pobreza!

Céus e terra dancem de tanta alegria, Deus com sua justiça nos governa e guia!

Glória ao Pai e ao Filho e ao Santo Espírito. Glória à Trindade Santa, glória ao Deus bendito!

Recordação da vida

Dirigente: Recordar a vida é trazê-la de volta ao coração para agradecer a Deus ou pedir-lhe perdão. Partilhar experiências e preocupações é tornar a oração mais verdadeira.

Dirigente: Salmo 23(22) – *O Senhor é o meu Pastor*.

Todos: O Senhor é meu pastor, nada me pode faltar.

[Em dois coros, e todos repetem o refrão.]

1. O Senhor é o pastor que me conduz, nada me falta; é nos prados da relva mais fresca que me faz descansar; para as águas tranquilas me conduz, reconforta a minha alma.

2. Ensina-me os caminhos mais seguros por amor de seu nome; passarei os mais fundos abismos sem temer mal nenhum. Junto a mim teu bastão, teu cajado, eles são o meu conforto.

1. Preparas uma mesa para mim bem à frente do inimigo; teu óleo me ungiu a cabeça e minha taça transborda.

2. Viverei a ventura da graça cada dia da vida; minha casa é a casa do Senhor e para sempre o há de ser.

1. Glória ao Pai e ao Filho e ao Espírito Santo.

2. Como era no princípio, agora e sempre. Amém.

Leitor: Proclamação do Evangelho de Jesus Cristo segundo Mateus 5,13-16 – *"Vós sois o sal da terra"*.

Cântico de Zacarias (Lc 1,68-79)

Todos: Bendito seja o Senhor Deus de Israel, bendito seja o Deus do povo eleito!

[Em dois coros, e todos repetem o refrão.]

1. Bendito seja o Senhor, Deus de Israel, porque visitou e libertou seu povo. Ele fez surgir para nós um poderoso salvador na casa de Davi, seu servo, assim como tinha prometido desde os tempos antigos, pela boca de seus santos profetas: de salvar-nos dos nossos inimigos e da mão de quantos nos odeiam.

2. Ele foi misericordioso com nossos pais: recordou-se de sua santa aliança e do juramento que fez a nosso pai Abraão, de nos conceder que, sem medo e livres dos inimigos, nós o sirvamos, com santidade e justiça, em sua presença, todos os dias de nossa vida.

1. E tu, menino, serás chamado profeta do Altíssimo, porque irás à frente do Senhor, preparando os seus caminhos, dando a conhecer a seu povo a salvação, com o perdão dos pecados, graças ao coração misericordioso de nosso Deus, que envia o sol nascente do alto para nos visitar, para iluminar os que estão nas trevas, na sombra da morte, e dirigir nossos passos no caminho da paz.

2. Glória ao Pai e ao Filho e ao Espírito Santo.

1. Como era no princípio, agora e sempre. Amém.

Preces

Dirigente: Nesta manhã bendigamos ao Senhor pelo novo dia, pela criação que se renova e pela vida que nos concede, dizendo:

Todos: Bendito seja o Senhor, nosso Deus!

[Em três coros, e todos repetem o refrão.]

1. Bendito sejas, Senhor, pela terra que produz os alimentos e pelas pessoas que sabem partilhar o fruto de seu trabalho. Rezemos.

2. Bendito sejas, Senhor, por todos aqueles que procuram promover a paz e a fraternidade entre os povos. Rezemos.

3. Bendito sejas, Senhor, pelos jovens que buscam em ti a luz e o caminho certo para trilharem em suas vidas. Rezemos.

[Outras preces pessoais.]

Todos: Pai nosso...

Dirigente: Oremos.

Ó Deus, fonte de luz e de vida. Nós te louvamos pela fé que nos infundiste, pela esperança e caridade que colocaste em nosso coração. Caminha conosco hoje e sempre. Por Cristo Jesus, nosso Senhor. Amém.

Bênção

Dirigente: O Senhor nos abençoe e nos guarde!

Todos: Amém!

Dirigente: O Senhor faça brilhar sobre nós a sua face e nos seja favorável!

Todos: Amém!

Dirigente: O Senhor dirija para nós o seu rosto e nos dê a paz!

Todos: Amém!

Dirigente: Bendigamos ao Senhor!

Todos: Graças a Deus!

Para refletir

Estruturado o itinerário, o grupo deverá compor a pedagogia dos encontros, visto que os eixos acompanhados dos respectivos objetivos apenas indicam o temário bíblico a ser explorado.

Ao preparar um encontro catequético, o catequista deve ter clareza do que irá desenvolver com seu grupo. Para isso, a elaboração de um roteiro dos temas a serem desenvolvidos e um planejamento no qual seja contemplada a participação nas atividades pastorais e noutras de interesse do próprio grupo são de fundamental importância neste processo.

O catequista subsidiará a preparação de cada encontro. Sempre curioso, criativo e ponderado, refletirá sobre o que deve ou não ser feito. Os elementos essenciais para a preparação dos encontros devem estar interligados – orações, dinâmicas, comentários, leituras, celebrações –, a fim de atender o tema proposto e, principalmente, responder ao momento em que o grupo se encontra.

O conteúdo catequético será organizado a partir do *diagnóstico* daquilo que o grupo sabe e necessita aprender. O intuito é construir com o catequizando a identidade da fé e desenvolver sua sensibilidade para que perceba o transcendente, em um movimento interno – algo não imposto pela família nem pela religião.

Nos encontros, o catequista deve buscar dinamizar momentos em que os catequizandos possam expressar testemunhos e experiências de vida. Isso auxilia a compreensão do grupo sobre o tema de estudo.

O roteiro para os encontros procurará oferecer objetivos claros, linguagem adaptada e atenta à realidade dos catequizandos. A preparação do encontro requer o hábito de leitura prévia e valorização das várias partes que o compõem.

O roteiro deve ser um meio para a organização dos encontros, e não um fim em si mesmo. Nos encontros, vamos procurar desenvolver uma prática acolhedora que confia no catequizando. Com uso de jogos, brincadeiras, retiros espirituais etc., façamos chegar à essência de sua identidade o primeiro anúncio, pois somente com ele concretizaremos o crescimento na fé.

É de fundamental importância *desescolarizarmos* as nossas concepções, a nossa linguagem, as nossas práticas. Para isso, vale relembrar e reafirmar: encontro catequético não é aula, vivência/conteúdo catequético não é matéria, catequista não é professor.

Preparação do ambiente e acolhida

A arrumação da sala e de materiais a serem utilizados no encontro, por si só, revela a importância que o catequista confere ao encontro catequético e aos seus participantes, como também favorece muito o processo de aprendizagem. De acordo com o tema a ser trabalhado, o espaço do encontro poderá ser organizado com símbolos, cartazes. Torna-se indispensável a preparação de um local no qual a Bíblia e uma vela estejam sempre presentes.

À chegada para o encontro, o grupo deve ser acolhido de maneira que sinta a importância da sua presença, seja com um bom-dia/boa-tarde/boa-noite, uma lembrança, uma mensagem/cartão, uma música, uma dinâmica etc. Contar como foi a semana, conversar sobre algum assunto de interesse do grupo, alguma notícia em evidência, fazer uma procissão de entrada da Bíblia, de uma vela e de algum símbolo referente ao tema, tornam-se opções.

Oração

Nos encontros, vivenciam-se momentos de silêncio, de contemplação, nos quais o catequizando escuta seu íntimo e se posiciona como uma pessoa de fé. Para tanto, há de buscar o silêncio externo, concentrando-se. A oração é um ato inicialmente interno, de reflexão, de atenção ao próprio estar no mundo. Por meio dela, ouvimos o que Deus tem a dizer, vemos nas coisas mais simples o que ele tem a revelar.

As orações traduzem dois atos complementares: o pedido e o agradecimento. Nessa perspectiva, afirma o *Catecismo da Igreja Católica*, n. 2688: "A memorização das orações fundamentais oferece um apoio indispensável à vida de oração, mas importa grandemente fazer com que saboreie o sentido das mesmas".

O cultivo desse saborear revela a finalidade do trabalho com as orações. Estas adquirem o caráter introdutório do conteúdo a ser apresentado e irão explorar o tema condutor do encontro, favorecendo a integração com a vivência da fé.

Ficar em silêncio, fechar os olhos, dar as mãos, ajoelhar-se, sentar-se, ficar de pé, falar um refrão meditativo, apresentar preces (pedidos/

intenções), agradecimentos..., tocar uma música, proclamar um Salmo referente à liturgia do domingo ou algum versículo vocacional (por ex., Jeremias 1,4-10), são algumas opções.

Tema/Palavra

O catequista poderá usar um cartaz/símbolo, por exemplo, para expor o tema, para que o grupo direcione a sua atenção para o que será tratado. Fazer memória do encontro anterior, de modo a garantir a coerência das ações, é uma prática a ser destacada. Conversar com o grupo e ouvir suas primeiras ideias/impressões sobre o tema é uma prática que favorecerá um diagnóstico do que o grupo já sabe e do que precisa aprender. Nesse sentido, os livros/subsídios trazem elementos que contribuem para que o catequista saiba o que dialogar com o grupo, o que questionar, como acolher suas dúvidas.

Todo o trabalho ganha sentido na proclamação da Palavra feita com clareza pelo catequista ou por um catequizando (desde que tenha sido preparado anteriormente). Os versículos selecionados poderão ser lidos no seu conjunto e depois, durante a reflexão, um versículo por vez poderá ser retomado. Que a Palavra seja proclamada de forma solene, diretamente do ambão/mesa. No caso da opção pelo "Evangelho" do domingo, é preciso ampliar a compreensão do que é tratado a partir da proclamação da Primeira Leitura (Antigo Testamento), do Salmo e da Segunda Leitura (Cartas Paulinas), ou, então, fazendo-se uso do Método da Leitura Orante (*Lectio Divina*).

Como usar a Bíblia nos encontros? Conhecemos seu conteúdo e sua finalidade? Seu acesso precisa ser amplamente difundido. O catequista deve utilizá-la como fonte de iluminação, traduzindo-a segundo a visão do catequizando. *Todo o encontro se desenvolverá ao redor da proclamação ou leitura orante de um texto motivador da Escritura.* É essencial observar bem o sentido de cada frase. Por isso, o catequista deve pedir um momento de silêncio, para que os catequizandos reflitam sobre o que foi lido, e depois rezar com eles, bem devagar, alguns versículos proclamados. Por fim, escolher uma frase como resumo para memorização.

A partir da proclamação do texto, o catequista compartilha a compreensão do que o autor bíblico quis transmitir. *E quanto a nós? Diante de nossa realidade, qual é nossa missão? Nós a assumimos de fato?* Dessa forma, ele atualiza a Palavra e faz com que os catequizandos a relacionem com a própria vida, fazendo-os perceber como esta mensagem divina se aplica hoje em dia e quais compromissos de vivência cristã ela desperta. Encontra-se aí o sentido formador da catequese: motivar o grupo a pensar e viver a Palavra, integrando algo novo ao que já conhece.

Máximo cuidado deve ser dispensado à valorização e ao desenvolvimento das atitudes de escuta e de acolhida da Palavra proclamada na celebração litúrgica, uma vez que a Palavra não volta ao Pai sem ter cumprido a sua missão (Is 55,10-11). Cristo está sempre presente na sua Palavra.

Para as crianças, antes de proclamar a Palavra no grupo é importante que o catequista realize um estudo prévio de seu vocabulário, substituindo as palavras de difícil entendimento, para ajudá-las a entender a mensagem do texto com facilidade. Deve-se ficar atento às traduções bíblicas.

O tema ilumina as ideias fundamentais para que o catequizando organize os passos principais da história da salvação, que culminam em Jesus Cristo. A pedagogia adotada suscita o envolvimento do grupo, apresenta questionamentos que partem sempre da reflexão iniciada pela leitura bíblica. Apostamos na força do diálogo. Por meio dele, catequista e catequizando constroem conjuntamente a compreensão da verdade de fé, superando a mera imposição. Valorizamos a troca de experiências, pois ouvimos, respeitamos e debatemos os questionamentos. Queremos superar o modelo que escolariza nossas catequeses.

Para vivenciar

Fazer ressoar na vida o que é vivenciado na catequese é o verdadeiro propósito. Para isso, estimula-se realizar um gesto concreto, uma ação para a semana seguinte ou algo que possa ser feito para ajudar alguém. Dá-se a orientação de atitudes a serem vivenciadas em casa, na escola, na rua, no trabalho... A catequese e a celebração litúrgica estão endereçadas para a vivência da fé, isto é, para o testemunho cristão ou para o culto espiritual.

No caso de jovens e crianças, é fundamental que os pais ou familiares dediquem algum tempo da semana para dialogar, sempre a partir do texto bíblico, e chegar à prática da vivência cristã. Espera-se uma conversão progressiva, autêntica e convicta.

Para celebrar

O catequista deverá ressignificar os momentos finais dos encontros para além da concepção de uma "oração final". Quando tratamos de "celebração", garantimos que tudo o que foi vivenciado tem sentido pleno, uma espiritualidade. Que neste momento práticas como, por exemplo, o gesto de molhar a mão na água benta e traçar sobre si o sinal da cruz, seguido de uma canção, pouco a pouco vá orientando os catequizandos para a necessária santificação de suas ações. Apresentar preces, fazer pedidos, agradecimentos, abençoar o grupo, solicitar aos catequizandos que escrevam orações ou que tragam orações escritas pelos seus familiares e as apresentem, partilhar um lanche, dar o abraço da paz, entregar mensagens etc., são evidências celebrativas a serem contempladas.

Na catequese, a liturgia tem lugar especial. A celebração ritual constrói a identidade de fé. Ao longo dos encontros, é necessário apresentar pequenos exercícios com experiências, símbolos e celebrações para propiciar uma educação litúrgica que capacite o catequizando a interiorizar os principais gestos da liturgia. O sentido profundo deles coloca o fiel em contato dircto com o mistério de fé celebrado.

Referindo-se à preparação da vida eucarística das crianças, o *Diretório para Missas com Crianças* recomenda:

> Celebrações de várias espécies também podem desempenhar um papel na formação litúrgica das crianças e na sua preparação para a vida litúrgica da Igreja. Por força da própria celebração, as crianças percebem, mais facilmente, certos elementos litúrgicos, como a saudação, o silêncio, o louvor comunitário, sobretudo se for cantado. Cuide-se, todavia, que estas celebrações não se revistam de uma índole demasiadamente didática.[1]

Aí acontece a real mistagogia.

---

[1] CONGREGAÇÃO PARA O CULTO DIVINO. Diretório para Missas com Crianças, n. 13. In: ALDAZÁBAL, José. *Celebrar a missa com crianças*. São Paulo, Paulinas, 2008.

Avaliação

A prática do encontro não se restringe a um meio para expor verdades e impor atitudes. Por meio do contato com o catequizando, avaliamos o conteúdo, observamos as motivações para a transformação de cada um e reelaboramos nossas propostas.

Avaliação não mais entendida apenas como um conjunto de doutrinas a serem transmitidas, memorizadas e reproduzidas, a catequese faz-se, fielmente, caminho de salvação. A avaliação ocorre durante todo o processo de trabalho, desde a sua elaboração. Consiste no aprimoramento constante do que se pensa e se realiza, com a finalidade de motivar mudanças significativas na vida dos envolvidos. Sua dinâmica expressa momentos nos quais o catequista faz uma estimativa do seu trabalho junto aos catequizandos, assim como do rendimento deles. Também os catequizandos avaliam o catequista e se autoavaliam.

É importante considerar a caminhada realizada, superando a concepção de respostas prontas e acabadas. Mais do que decorar mandamentos e orações, a catequese dinamiza a mudança de vida a partir dos valores cristãos do Evangelho à medida que vão sendo conquistados, o que demonstra quanto o trabalho está se desenvolvendo, isto é, alcançando seus objetivos.

O catequista acolhe as dificuldades dos catequizandos, sejam elas de compreensão, disciplina, escrita ou leitura, sem fazer delas caminho de exclusão. As atividades devem ser realizadas a partir do que o grupo já sabe, apresentando o conteúdo de fé de maneira prazerosa para que as opiniões sejam desenvolvidas.

Vivência

Definir o *passo a passo de um encontro catequético* deve proporcionar segurança ao catequista sobre o que será vivenciado no tempo em que estará com os catequizandos, e vice-versa. Para isso, contar com a opinião dos catequizandos, de modo que eles possam ajudar o catequista no planejamento dos encontros, é uma dica importante. Assim, ele deve conversar com o grupo e ver quais são as suas expectativas, o que gostariam que tivesse na catequese. Isso os ajudará a entender o que é a catequese e como ela se organiza.

Tudo o que for decidido deve somar forças para um aprendizado seguro da fé cristã. *Jeitos* para realizar um encontro catequético não faltam. Uma variedade de momentos pode ser vivenciada, de modo que o essencial à prática catequética, ou seja, à educação na fé, seja contemplado.

Então, em grupo, compartilhe sua prática de encontro com os catequizandos. Demonstre como dinamiza a interiorização da leitura bíblica, como valoriza a mistagogia e como prioriza o protagonismo do catequizando.

Celebração

[Se possível, convidar todas as pessoas envolvidas na catequese para participar.]

Dirigente: Queridos catequistas, hoje os acolhemos com uma alegria muito especial, porque serão enviados para anunciar a Boa-Nova de Jesus a todo o povo de Deus. Um importante caminho os espera. Vamos acolher este caminho com tudo o que nos reserva.

[Fazer uma pequena procissão com os catequistas, tendo à frente a cruz e a Bíblia.]

Comentarista: Jesus nos chama e envia através de sua Palavra. Com os discípulos, comunica a Boa-Nova que lhes aqueceu o coração e os ajudou a compreender a realidade de uma forma nova, mais ampla do que aquela que eles entendiam. Hoje, como outrora, precisamos acolher a Palavra de Deus em nossa vida e permitir que Jesus nos faça enxergar o sentido maior de tudo.

[Canto de aclamação.]

Leitor: O Senhor esteja convosco!

Todos: Ele está no meio de nós.

Leitor: Proclamação do Evangelho de Jesus Cristo segundo Lucas 4,14-22 – *Jesus na sinagoga de Nazaré*.

Todos: Glória a vós, Senhor!

[Na partilha da Palavra, ressaltar a ação do Espírito no Messias e na chegada do Reino. A chegada do Reino se cumpre mediante a vida a comunicada a todos, sem exceção. A ação do Espírito continua atuante no ministério do catequista.]

Compromisso missionário

Comentarista: Ser missionário é ser anunciador, é levar a mensagem de esperança ao chamado divino e vivendo os valores do Reino. Peçamos ao Senhor que reavive em nós o dom de anunciar com alegria sua Boa Notícia nas casas, nas comunidades, nas cidades, nas vilas e no campo.

Catequistas: Reavivai em nós, Senhor, o dom de anunciar vosso Reino de amor, justiça e paz.

Comentarista: Ser missionário é viver de esperança. Existem momentos na história da humanidade em que tudo se revela sem saída e os horizontes parecem se fechar. Há nesses momentos os que buscam descobrir pequenas luzes no meio do túnel. Estes são os que vivem de esperança. E para viver com o princípio da esperança é preciso escutar o Espírito que "sopra onde quer, não sabemos de onde vem e para onde vai" (Jo 3,8). A espiritualidade de Jesus sustenta nossa esperança no caminho missionário.

Catequistas: Reavivai em nós, Senhor, o dom da esperança para continuarmos firmes no vosso caminho.

Comentarista: Ser missionário é ser pessoa de coragem, é viver o amor e a paz. É o poder do Espírito Santo que nos transforma em pessoas e comunidades corajosas, que enfrentam a sociedade, os poderosos, o mal e o pecado no mundo. O missionário, portador do amor e da paz, com coragem proclama que Deus, em Jesus, nos ama infinitamente. As pessoas, através do testemunho cristão, precisam se sentir amadas por Deus para caminhar com esperança, fé, amor e paz.

Catequistas: Reavivai em nós, Senhor, o dom da coragem, do amor e da paz para vivermos e anunciarmos a alegria de vos amar e servir.

[O dirigente, junto com os participantes, estende as mãos sobre os catequistas, enquanto reza a oração da bênção.]

Dirigente: Nós vos louvamos e bendizemos, ó Deus, porque enviastes ao mundo o vosso Filho, para libertar e salvar. Enriquecei os catequistas com os dons do Espírito Santo. Olhai com misericórdia para estes vossos filhos que enviamos em missão para vos servir.

Guiai, Senhor, com vossa mão, os seus passos e fortalecei-lhes o ânimo com a força de vossa graça, para que não se deixem abater pelo trabalho e pela fadiga. Protegei-os de todos os perigos e fortalecei-lhes a fé e a coragem para que com humildade e dedicação exerçam o vosso chamado. Por Cristo, nosso Senhor.

Deus nos abençoe: Pai, Filho e Espírito Santo.

Louvemos o Senhor pelo dom da vida. Louvado seja nosso Senhor Jesus Cristo.

Conclusão

Desde a publicação do *Diretório Nacional de Catequese*, em 2006, as comunidades e Dioceses vêm conhecendo melhor a pedagogia catecumenal e tendo um novo olhar sobre a iniciação cristã. Quanto maior for a visão do catequista sobre a amplitude da iniciação cristã, de seus objetivos e metodologia, tanto mais saberá encontrar elementos práticos para viabilizar o estilo catecumenal.

Hoje, há um apelo para cultivar-se a fé, não unicamente por tradição, mas pelo impacto da atração e descoberta do Senhor, inclusive nos descaminhos da vida. Partimos firmemente deste ponto: é preciso suscitar a fé pelo testemunho e convicção do catequista e pela riqueza de sentidos que adquire a experiência de vida do catequizando, iluminada pela Palavra refletida e celebrada.

Desde a fé, todo o processo adquire um caráter iniciatório de transformação de mentalidade, de valores e de maneira de ser no mundo. Entendemos a fé como experiência fundante que gera entrega, conversão, sentido existencial e projeto de vida.

O método ver, julgar e agir, que aproximou a leitura da Bíblia com a realidade, interage com o método da conversão progressiva proposto pelo RICA, o qual une: liturgia, catequese e conversão de forma integrada. A pessoa que participa da iniciação cristã faz a experiência da Palavra anunciada, participa das celebrações e se dispõe a professar a fé na vida concreta. Todo o processo ajuda a formar a identidade cristã, isto é, a alcançar a maturidade em Cristo (cf. Ef 4,13).

O caráter iniciatório redescobre a liturgia como lugar, por excelência, da experiência de Deus, no qual se dá a eficaz transformação da pessoa, mediante a comunicação da graça e a acolhida com fé do mistério anunciado e celebrado. No número 19,1, o RICA reafirma seu objetivo:

> A catequese [...] distribuída por etapas e integralmente transmitida, relacionada com o ano litúrgico e apoiada nas celebrações da Palavra, leva os ca-

tecúmenos não só ao conhecimento dos dogmas e preceitos, como à íntima percepção do mistério da salvação de que desejam participar.

As celebrações litúrgicas propostas pelo *Ritual* se deslocam do momento único e exclusivo da recepção dos sacramentos da iniciação para uma catequese permanentemente celebrativa e iniciática. Os ritos auxiliares dos três sacramentos foram celebrados ao longo do processo, restando apenas o banho d'água, a crismação e a recepção eucarística para a Vigília Pascal.

A unidade dos três primeiros sacramentos reunifica pastoralmente o processo e recoloca a Páscoa como elemento central e doador do sentido pleno para ele se desenvolver.

A aplicação desta metodologia num contexto de pluralismo religioso é incontestável, porém é necessário vencer a mentalidade pragmática e ansiosa, visto que tratamos de um processo que empenha tempo para ocorrer a mudança pretendida. E hoje o tempo tornou-se altamente escasso.

Bibliografia

Documentos

ARQUIDIOCESE DO RIO DE JANEIRO. *Diretório Arquidiocesano da Iniciação Cristã*. Rio de Janeiro, Ed. Nossa Senhora da Paz, 2008.
BENTO XVI. Exortação Apostólica Pós-Sinodal *Sacramentum Caritatis*. São Paulo, Paulinas, 2007.
CELAM. *Documento de Aparecida*. Texto conclusivo da V Conferência Geral do Episcopado Latino-Americano e do Caribe. São Paulo, Paulus/Paulinas, 2007.
CNBB. *Catequese Renovada*: orientações e conteúdo. São Paulo, Paulinas, 1983. (Documentos da CNBB, n. 26).
_____. *Comunidade de comunidades*: uma nova paróquia. São Paulo, Paulinas, 2014. (Documentos da CNBB, n. 100).
_____. *Diretório Nacional de Catequese*. São Paulo, Paulinas, 2006. (Documentos da CNBB, n. 84).
CONCÍLIO VATICANO II. Constituição *Sacrosanctum Concilium*.
CONGREGAÇÃO PARA O CLERO. *Diretório Geral para a Catequese*. São Paulo, Paulinas, 2009.
CONGREGAÇÃO PARA O CULTO DIVINO. Diretório para Missas com Crianças. In: ALDAZÁBAL, José. *Celebrar a missa com crianças*. São Paulo, Paulinas, 2008.
FRANCISCO I. Exortação Apostólica *Evangelii Gaudium*. São Paulo, Paulinas, 2014.
_____. *Exortação apostólica sobre o amor na família*. São Paulo, Paulinas, 2016.

Estudos

BOMBONATTO, Vera Ivanise. Discípulos missionários hoje: catequese, caminho para o discipulado. In: CNBB. *3ª Semana Brasileira de Catequese*. Brasília: Edições CNBB, 2010.
CELAM. *A alegria de iniciar discípulos missionários em mudança de época*. Brasília, Edições CNBB, 2015.
COMISSÃO EPISCOPAL PASTORAL PARA A ANIMAÇÃO BÍBLICO-CATEQUÉTICA. *Itinerário catequético*: iniciação à vida cristã – um processo de inspiração catecumenal. Brasília, Edições CNBB, 2014.
KRIEGER, Murilo S. R. *Se eu tivesse uma câmera*. São Paulo, Paulinas, 2014.
LELO, Antonio Francisco. *A iniciação cristã*: catecumenato, dinâmica sacramental e testemunho. São Paulo, Paulinas, 2005.
_____. *Catequese com estilo catecumenal*. São Paulo, Paulinas, 2009.

NÚCLEO DE CATEQUESE PAULINAS. *Discipulado*: da multidão ao seguimento. São Paulo, Paulinas, 2015.
_____. *Iniciação à liturgia*. Ilustrações Claudio Pastro. São Paulo, Paulinas, 2013.
_____. *Mistagogia*: do visível ao invisível. São Paulo, Paulinas, 2013.
_____. *Querigma*: a força do anúncio. São Paulo, Paulinas, 2014.
REINERT, João Fernandes. *Paróquia e iniciação cristã*: a interdependência entre renovação paroquial e mistagogia catecumenal. São Paulo, Paulus, 2015.
SCOUARNEC, Michel. *Símbolos cristãos*: os sacramentos como gestos humanos. São Paulo, Paulinas, 2004.

Sites

ANDRADE, Aíla Luzia Pinheiro. *Trabalhar na vinha do Senhor*. Disponível em: <http://www.padrefelix.com.br/aa_27_dtc_bl_1.htm>. Acesso em: 06/07/2016.
MESTERS, Carlos. *A aparição de Jesus aos discípulos de Emaús*. Disponível em: <http://liturgiadiariacomentada2.blogspot.com.br/2014/04/a-aparicao-de-jesus-aos-discipulos-de.html>. Acesso em: 07/05/2015.
_____. *A prática evangelizadora de Jesus revelada nos Evangelhos*. Disponível em: <http://www.nossasenhoradasgracas.org/index.php?option=com_content&view=article&id=1095&catid=28&Itemid=43>. Acesso em: 17/08/2015.
ORAÇÃO DO CATEQUISTA. Disponível em: <http://www.universocatolico.com.br/index.php?/oracoes-do-catequista.html>. Acesso em: 12/07/2016.

Rua Dona Inácia Uchoa, 62
04110-020 – São Paulo – SP (Brasil)
Tel.: (11) 2125-3500
http://www.paulinas.com.br – editora@paulinas.com.br
Telemarketing e SAC: 0800-7010081